HIPPOCRENE CO

ICELANDIC-ENGLISH ENGLISH-ICELANDIC DICTIONARY

Arnold R. Taylor

HIPPOCRENE BOOKS

New York

ABBREVIATIONS/KAMMSTAFANIR

adj. (adjective)	lýsingarorò
adv. (adverb)	atviksorò
conj. (conjunction)	samtenging
f. (feminine noun)	kvk. nafnorò
m. (masculine noun)	kk. nafnorò
n. (neuter noun)	hvk. nafnorò
pl. (plural)	fleirtala
prn. (pronoun)	fornafn
prp. (preposition)	forsetning
v.(verb)	sagnorò
vi. (verb intrans)	áhrl. sagnorò
vt. (verb trans)	áhr. sagnornò

First Hippocrene Edition, 1990
Eleventh printing, 2015.

Copyright © 1990.

All rights reserved.

For information, address:
HIPPOCRENE BOOKS, INC.
171 Madison Avenue
New York, NY 10016
www.hippocrenebooks.com

ISBN-13: 978-0-87052-801-9
ISBN-10: 0-87052-801-7

Printed in the United States of America.

PREFACE

Like its companion volume this dictionary is based on the spoken rather than the written word, and its aim is to give as much information as possible in the restricted space available. The gender of all Icelandic nouns is stated, and English words are supplied in brackets to make clearer the meaning of the Icelandic glosses, whenever this could be done without undue waste of space. Icelandic users, however, should be warned against taking these secondary English words as synonyms of the head word; often they only restrict its meaning. Verbs and nouns are the only parts of speech regularly indicated, but the others are shown when confusion seemed at all possible. For the convenience of Icelandic users irregular English plurals are given within the text and there is a short list of irregular English verbs at the end of the book.

FORMÁLI

Þessi orðabók er byggð á talmáli frekar en ritmáli. Tilgangurinn hefur verið að reyna að gefa allar þær upplýsingar sem hægt er í svo litlu kveri. Kyn íslenzkra nafnorða er alltaf tilgreint. Ensku orðin sem eru í svigum eru einungis til þess að skýra mismunandi þýðingar ensku orðanna, og Íslendingum ber að forðast að álíta þau alltaf sömu merkingar og aðalorðið. Nafnorð og sagnorð eru venjulega tilgreind (sjá skammstafanir), en önnur málfræðiheiti eru ekki gefin nema ruglingur gæti átt sér stað, t. d. þar sem sama orðið geta verið bæði nafnorð og lýsingarorð. Óregluleg fleirtala enskra nafnorða er tilfærð og stuttur listi yfir óregluleg ensk sagnorð er aftast í bókinni.

A

a, an óákveðinn greinir
abandon v. hætta við, yfirgefa
abbess abbadís f.
abbey klausturkirkja f.
abbot ábóti m.
abbreviate v. stytta
abbreviation skammstöfun f.
abdicate v. leggja niður völd
abdomen magi m.
abide by v. standa við
ability hæfileiki m.
able fær, duglegur
[be] **able** to geta + past participle
abnormal óvanalegur
aboard um borð (í skipi)
abolish v. afnema
abominable andstyggilegur
about adv. & prp. um, (nearly) hér um bil, (round about) í kringum
[be] **about to** ætla að fara að
above adv. & prp. yfir, fyrir ofan
abroad erlendis

abrupt (speech) snöggur, (sudden) skyndilegur
abscess kýli n.
absence fjarvera f.
absent fjarverandi
absent-minded utan við sig
absolutely algjörlega
absorbed in niðursokkinn í
absurd fjarstæður
abundance gnægð f.
abundant ríkulegur, nógur
abuse misbeiting f; v. misbeita, (revile) skamma
accelerate v. flýta fyrir, auka hraða
accent (stress) áherzla f. (pronunciation) málkeimur m.
accept v. þiggja
access aðgangur m.
accident (chance) tilviljun f. (disaster) slys n.
accompany v. fylgja, vera samferða, (music) spila undir
accomplish v. framkvæma, ljúka við
[in] accordance with í samræmi við
according to prp. samkvæmt, eftir
accordingly adv. þess vegna
account (bill) reikningur m. (report) skýrsla f; **a. for** v. gera grein fyrir
accountancy bókhald n.

accountant bókari m.
accumulate vt. safna saman; vi. safnast saman.
accumulator rafhlaða f.
accuracy nákvæmni f.
accurate nákvæmur
accusation ásökun f.
accuse v. kæra, ásaka
ace ás m.
ache verkur m.; v. verkja
acid sýra f.; adj. súr.
acknowledge viðurkenna
acknowledgement viðurkenning f.
acquaint v. kynna
acquaintance kunningsskapur m. (person) kunningi m.
acquit v. sýkna
acre 4840 square yards
across adv. & prp. yfir
act (deed) verk n. (law) lög n. pl., (theatre) þáttur m.; v. (do) gera, (theatre) leika
action verk n., (legal) málsókn f.
active starfsamur
activity starfsemi f.
actor leikari m.
actress leikkona f.
actually eiginlega
add v. bæta við, (together) leggja saman

addition viðbót f., samlagning f.
address (spreech) ávarp n., (on letter) utanáskrift f.; v. (speak to) ávarpa
adjust v. lagfæra
admirable aðdáanlegur
admiral aðmiráll m.
admire dást að
admission aðgangur m., (confession) játning f.
admit v. hleypa inn, (confess) játa
admittance aðganga f.
adopt v. taka (að sér)
adore v. (love) unna, þykja góður
adult adj. fullorðinn
advance vt. bera fram, (money) borga fyrirfram; vi. ganga áfram
advantage hagnaður m.
adventure ævintýri n.
adversary mótstöðumaður m.
adversity ólán n.
advertise v. auglýsa
advertisement auglýsing f.
advice ráð n.
advisable ráðlegur
advise v. ráðleggja
aerial (wireless) loftnet n.
aerodrome flugvöllur m.
aeroplane flugvél f.
affair mál n., hlutur m.

affect v. hafa áhrif á
affection ástúð f.
affirm v. fullyrða, staðfesta
afford v. (grant) veita, (money) hafa efni á
affront v. móðga
afraid hræddur
afresh adv. á ný
after adv. & prp. eftir, síðar
afternoon eftirmiðdagur m.
again aftur
against prp. á móti
age aldur m. (period) öld f.
agent umboðsmaður m.
aggression árás f.
agitate v. trufla; **a. for** berjast fyrir
ago fyrir; **3 years ago** fyrir þremur árum
agree to v. samþykkja
agreeable þægilegur
agreement samkomulag n.,samningur m.
agriculture jarðyrkja f.
(run) aground v. stranda
ahead adv. á undan
aid hjálp f.; v. hjálpa
aim takmark n., markmið n.; miða (**at** = á)
air loft n.
aircraft flugtæki n. pl., flugvélar f. pl.

air force flugher m.
airman flugmaður m.
alarm v. hræða
alarm-clock vekjaraklukka f.
ale öl n.
alias falskt nafn; adv. að öðru nafni
alien útlendingur m; adj. útlendur
alight v. stíga niður
alight adj. (on fire) logandi
alike líkur; adv. eins
alive lifandi, á lífi
all allur
all right allt í lagi
alliance bandalag n. samband n.
allow v. leyfa; **a. for** taka tillit til
ally bandamaður m.
almost næstum
alone adj. einn sér, aleinn
along adv. & prp. áfram, fram með, eftir
aloud adv. upphátt
alphabet stafróf n.
already nú þegar
also einnig, líka
alter v. breyta
alteration breyting f.
alternate v. skiptast á
alternating current riðstraumur m.
although þó að, þótt
altogether alveg

always alltaf
amaze v. gera hissa
amazement undrun f.
amazing furðulegur
ambassador sendiráðherra m.
ambitious metorðagjarn, ágjarn
ambulance sjúkrabifreið f.
amend vt. bæta
American Ameríkumaður; adj. amerískur
amiable vingjarnlegur
ammunition skotfæri n. pl.
among prp. meðal
amount upphæð f.; v. **a. to** nema
ample nógur
amuse v. skemmta
amusement skemmtun f.
anaesthetic svæfingarmeðal n.; **local** a. deyfingarmeðal n.
anaesthetize v. svæfa, deyfa
analyse v. sundurgreina
ancestor forfaðir m.
anchor akkeri n.
and og
angel engill m.
anger reiði f.
angry reiður
animal dýr n.
ankle ökkli m.

annals árbækur f. pl.
announce v. birta, tilkynna
announcement tilkynning f.
announcer (wireless) þulur m.
annoy v. ónáða, skaprauna
annual árbók f.; adj. árlegur
another annar
answer svar n.; v. svara
anticipate v. búast við
anxious kvíðafullur, áhyggjufullur
(be) **anxious to** v. vilja gjarna
any nokkur, neinn (in negative sentence)
anybody nokkur, hver sem er
anything nokkuð
anywhere nokkurs staðar, (in negative sentence) neins staðar
apartment íbúð f.
apologize v. biðja afsökunar
appalling hræðilegur
appear v. koma í ljós, sýnast
appearance útlit n. (coming) koma f.
appendicitis botnlangabólga f.
appetite matarlyst f.
apple epli n.
apply for v. sækja um
appoint v. skipa í embætti, útnefna
appointment (to office) skipun f., (to meet) stefnumót n.

appreciate v. virða, meta
approach v. nálgast
approve v. samþykkja, fallast á
approximately hér um bil
apron svunta f.
apt hæfur, hentugur; **I am a. to** mér er hætt við
archaeology fornfræði f.
ardent ákafur
area flatarmál n. (region) svæði n.
argue v. deila, þræta; **a. for** reyna að sanna
argument sönnun f. (dispute) deila f.
arise v. rísa upp
arm handleggur m.
armchair hægindastóll m.
arms vopn n. pl.
army her m.
arrange v. (prepare) undirbúa, (in rows) raða
arrangement fyrirkomulag n.
arrest v. taka fastan
arrival koma f.
arrive v. koma (**in** = til)
arrow ör f.
art list f.
artery slagæð f.
article (thing) hlutur m., (item) atriði n., (essay) grein f.

artificial gervi- (as prefix)
artisan iðnaðarmaður m.
artist listamaður m.
as adv. & conj. eins, eins og, sem; **as..as,** eins... eins og
ascend v. fara upp
ascertain v. fá vissu um
(be) ashamed of v. skammast sín fyrir
ashes aska f.
ashore adv. á landi
ash-tray öskubakki m.
ask v. spyrja; **a. for** biðja um
asleep sofandi
aspirin aspirín n., höfuðverkspillur f. pl.
ass asni m.
assault árás f.; v. ráðast á
assemble vt. safna saman; vi. koma saman
assent samþykki n.; v. **a. to** samþykkja
assert v. fullyrða, halda fram
assist v. hjálpa
assistance hjálp f., aðstoð f.
assistant aðstoðarmaður m.
association félag n., samband n.
assorted margs konar, ýmis konar
assume v. gera ráð fyrir, (take up) taka að sér
assure v. fullvissa
astonish v. gera hissa

astonishing furðulegur
astonishment furða f., undrun f.
asylum hæli n.
at prp. í, á, við, hjá
at last loksins
at least að minnsta kosti
(be) at a loss vita ekki; **sell at a loss** selja með tapi
at once undir eins
atom atóm- (as prefix)
atomic energy atómorka f.
atone for v. bæta
atrocious hryllilegur
attach v. festa við
attack árás f.; v. ráðast á
attain v. ná í, fá
attempt tilraun f.; v. reyna
attend v. (be present) vera viðstaddur, (an invalid) hjúkra; **a. to** hlýða á
attention eftirtekt f., athygli f.
attract v. laða að sér, (attention) vekja
attractive aðlaðandi, laglegur
auction uppboð n.
audible heyranlegur
audience (reception) áheyrn f., (people) áheyrendur m. pl.
aunt föðursýstir f., móðursystir f.
attribute einkenni n.; v. tileinka
automatic sjálfvirkur

autumn haust n.
avarice ágirnd f.
avenge v. hefna
average meðaltal n.; adj. meðal- (as prefix)
avoid v. forðast
await v. bíða eftir
awake vi. vakna; vt. vekja; adj. vakandi
awaken vt. vekja; vi. vakna
aware var; be a. of vita um, vita
away adv. burt, í burtu
awe ótti m., lotning f.
awful ógurlegur, hræðilegur
awkward klaufalegur, (situation) óþægilegur
axe öxi f.
axle öxull m.

B

baby ungbarn n.
back bak n.; adv. aftur, til baka
backdoor bakdyr f. pl.
bacon (saltað eða reykt) svínsflesk n.
bacteria bakteríur f. pl.
bad slæmur, vondur
bad-tempered geðvondur
bag (sack) poki m., (leather) taska f.

bait beita f.; v. beita
bake v. baka
baker bakari m.
balance (scales) vog f., (difference) mismunur m.
balcony svalir f. pl.
bald sköllóttur
ball (play) bolti m., (dance) dansleikur m.
ban v. banna
bank banki m., (river) bakki m.
banknote bankaseðill m.
bankrupt gjaldþrota
baptize v. skíra
bar stöng f., (law) dómgrindur f. pl.; v. loka
bar of soap sápustykki n.
barbed wire gaddavír m.
barber rakari m., hárskeri m.
barber's shop rakarastofa f.
bare ber, nakinn
bare-footed berfættur
(**get a**) **bargain** kaupa ódýrt, kaupa með góðum kjörum
bark v. gelta
barley bygg n.
barn hlaða f.
barrel tunna f.
(**naval**) **base** flotastöð f.

basement íbúðarkjallari m.
basin skál f.
basket karfa f.
bath bað n.
bathroom baðherbergi n.
battle bardagi m.
bay fjörður m., flói m.
be v. vera
beach strönd f.
bean baun f.
bear v. bera, (endure) þola
bear in mind hafa í huga
beard skegg n.
beast skepna f.
beat v. berja, lemja, (win) sigra
beautiful fallegur
because af því að
become v. verða
bed rúm n.
bedding rúmföt n. pl.
bedridden rúmfastur
bedroom svefnherbergi n.
beef nautakjöt n.
beer bjór m.
before prp. fyrir framan; adv. áður, fyrr; conj. áður en
begin v. byrja
beginning byrjun f.
behave v. haga sér

behaviour hegðun f.
behind prp. bak við, á eftir; eftir, aftur
belief trú f.
believe v. trúa
bell bjalla f.
belong v. heyra til
below prp. undir, fyrir neðan; adv. niðri
belt belti n.
bench bekkur m.
bend v. beygja
beneath prp. undir, neðan undir
benefit from v. hafa gagn af
bent boginn
berry ber n.
berth (ship) skipalægi n.; v. leggja (skipi) að
beseech v. grátbæna
beside prp. hjá
beside oneself (with fear) frá sér (af hræðslu)
besides adv. prp. þar að auki, auk
best beztur; adv. bezt
bet v. veðja
betray v. svíkja
betrayal svik n. pl.
better betri; adv. betur, betra
between prp. á milli
beware v. vara sig á
bewildered ruglaður

beyond adv. & prp. hinumegin
bible biblía f.
bicycle reiðhjól n.; v. hjóla
bid v. bjóða, (order) skipa
big stór
bigamy tvíkvæni n.
bill reikningur m.
bind v. binda
biography ævisaga f.
bird fugl m.
birthday afmæli n.
birthplace fæðingarstaður m.
biscuit kex n.
bishop biskup m.
bit biti m.; **bit by bit** smámsaman
bitch tík f.
bite bit n.; v. bíta
black svartur; **b. eye** glóðarauga n.
blacking skósverta f.
blade blað n.
blame v. ávíta
blank auður, tómur
blanket teppi n.
blast sprenging f.; v. sprengja
bleach v. bleikja
bleed v. blæða
blind blindur; v. blinda
blister blaðra f.
blood blóð n.

blood-poisoning blóðeitrun f.
blot blettur m.
blotting-paper þerripappír m.
blow högg n.
blow v. blása
blue blár
blunt bitlaus
bluntly adv. blátt áfram
blush v. roðna
board borð n., fjöl f., (committee) nefnd f.
board and lodging fæði og húsnæði
boat bátur m., skip n.
body líkami m.
boil v. sjóða
bold djarfur
bone bein n.
book bók f.
book-keeping bókhald n.
bookshop bókabúð f., bókaverzlun f.
boot stígvél n.
bore v. (hole) bora, (weary) gera leiðan
boring leiðinlegur
born fæddur
borrow v. fá lánað
bosom barmur m.
both báðir; **both ... and** bæði ... og
bother v. ónáða
bottle flaska f.

bottom botn m.
bowl skál f.
box kassi m.
boy drengur m., strákur m.
braces axlabönd n. pl.
brain heili m.
branch grein f., (business) útibú n.
brand-new spánnýr
brass látún n.
brassiere brjósthaldari m.
brave hugaður
bread brauð n.
breadth breidd f.
break vt. brjóta; vi. brotna
break down bilun f.; v. bila
break off v. hætta
breakable brothættur
breakfast morgunkaffi n., morgunverður m.
breast brjóst n.
breathe v. anda
breeze kaldi m.
brew v. brugga
bribe múta f.; v. múta
bride brúður f.
bridegroom brúðgumi m.
bright bjartur
brighten up lifna við
brim barmur m., (hat) hattbarð n.

bring v. koma með
bring home to skýra fyrir
bring off fá góðan árangur
bring up ala upp
British brezkur
broad breiður
broadcast v. útvarpa
brook lækur m.
broom sópur m.
brother bróðir m.
brother(s) and sister(s) systkin n. pl.
brother-in-law (pl. **brothers-in-law**) mágur m.
brown brúnn
bruise mar n.
bruised marinn
brush bursti m.; v. bursta
bucket fata f.
build v. byggja
building bygging f.
bulb (light) pera f., (flower) blómlaukur m.
bull naut n.
bulldozer jarðýta f.
bullet byssukúla f.
buoy dufl n.
burglar innbrotsþjófur m.
burial greftrun f.
burn v. brenna

burst vi. springa
bury v. jarða
bus strætisvagn m.
business starf n., (trade) viðskipti n. pl., (errand) erindi n.
but conj. en
butcher slátrari m.
butcher's shop kjötbúð f.
butter smjör n.; v. smyrja
buttercup sóley f.
button hnappur m.; v. hneppa
buy v. kaupa
by adv. & prp. hjá, á, af, framhjá, með
by all means fyrir alla muni
by air loftleiðis, fljúgandi
by day á daginn
by heart utanbókar
by mistake af misskilningi

C

cabbage kál n.
cabin (ship's) klefi m.
cabin trunk koffort n.
cabinet (government) ráðuneyti n.
cable (rope) kaðall m., (telegram) símskeyti n.; v. senda símskeyti
café kaffihús n.

cage búr n.
cairn varða f.
cake kaka f., (**of soap**) **sápustykki** n.
calculate v. reikna
calendar almanak n.
calf (pl. **calves**) **kálfur** m., (**of leg**) **kálfi** m.
call (visit) heimsókn f.; v. **kalla**, (name) nefna
calm rólegur
camera myndavél f.
camp tjaldstaður m.
can v. (ég) **get**
canal skurður m.
cancel v. **strika** út
cancer krabbamein n.
canned goods niðursoðnar vörur f. pl.
cannot, can't v. (**ég**) **get ekki**
canvas strigi m.
cap hú(f)a f.
capable fær (**of** = **um**)
capital (city) **höfuðborg** f.; **adj. ágætur**
captain (**ship's**) **skipstjóri** m.
capture v. handtaka
car bíll m.
carbon paper kalkipappír m.
card nafnspjald n., (**playing c-s**) **spil** n. pl.
care (accuracy) nákvæmni f., (under

his c.) umsjón f.; v. (c. for or about) kæra sig um, (c. for = like) þykja vænt um
careful gætinn
careless hirðulaus
cargo (skips)farmur m.
caricature skopmynd f.
carpenter trésmiður m.
carpet gólfteppi n.
carriage flutningur m., (payment) flutningsgjald n.
carrot gulrót f.
carry v. bera
carry on v. (continue) halda áfram
carry weight vera mikilsvægur
case (circumstance) tilfelli n., (affair) málefni n., (box) kassi m.
cash (ready c.) reiðupeningar m. pl.
cashier gjaldkeri m.
cast v. kasta
castle kastali m.
cat köttur m.
catalogue skrá f.; v. skrásetja
catch (of fish) afli m.; v. grípa, (fish) veiða, (c. hold of) ná í
catch cold fá kvef
cathedral dómkirkja f.
cattle nautgripir m. pl.

cause orsök f., (good c.) góður málstaður; v. orsaka
cauliflower blómkál n.
caution viðvörun f., (care) varúð f.; v. (c. against) vara við
cave hellir m.
cease v. hætta
ceiling loft (í herbergi) n.
cellar kjallari m.
cement steinlím n., sement n.
cent $^1/_{100}$ úr dollar
(per) cent af hundraði
central heating miðstöðvarhitun f.
centre miðdepill m.
century öld f.
certain viss
certainly vissulega, að vísu
certainty vissa f.
chain keðja f.
chair stóll m.
chairman formaður m., (of meeting) fundarstjóri m.
chalk krít f.
champagne kampavín n.
chance tækifæri n.; **by c.** af tilviljun
change breyting f., (money) smápeningar m. pl.; v. breyta, skipta
chapter kapítuli m.
character skaplyndi n.

characteristic einkenni n.
charge (attack) árás f, (cost) verð n., gjald n.; v. ráðast á, (legal) ákæra
charming yndislegur
chart sjókort n.
charwoman kona sem gerir hreint
chase v. elta
chastity hreinlífi n.
chauffeur bílstjóri m.
cheap ódýr
cheat v. svíkja
check v. (stop) stöðva, hindra, (test) prófa
cheek kinn f.
cheerful glaður, kátur
cheese ostur m.
chemist's shop apótek n., lyfjabúð f.
cheque ávísun f.
cheque-book ávísanabók f.
cherry kirsuber n.
chess skák f., skáktafl n.
chest bringa f., (box) kista f.
chest of drawers kommóða f.
chew v. tyggja
chicken kjúklingur m.
chicory kaffibætir m.
chilblain kuldabólga f.
chimney skorsteinn m.; **c. pot** reykháfur m.

chin haka f.
china postulín n.
chisel meitill m.
child (pl. children) barn n.
chocolate súkkulaði n.
choice val n.; adj. ágætur
choose v. velja, kjósa
chop v. höggva
christen v. skíra
Christmas jól n. pl.
Christmas present jólagjöf f.
church kirkja f.
churchyard kirkjugarður m.
cigar vindill m.
cigarette sígaretta f.
cinema bíó n., kvikmyndahús n.
circle hringur m.
circumstances kringumstæður f. pl.
citizen borgari m.
city borg f.
civil borgaralegur, (polite) kurteis
civilization menning f.
claim krafa f.; v. krefjast, heimta
claret rauðvín n.
class flokkur m., (social) stétt f.
clause ákvæði n., grein f.
clay leir m.
clean hreinn; v. hreinsa
clear skýr, bjartur

clear the table taka af borði
clergyman prestur m.
clerk skrifari m., skrifstofumaður m.
clever gáfaður
climate loftslag n.
climb v. klifra
cloak-room fatageymsla f.
clock klukka f.
close v. loka
closed lokaður
cloth dúkur m.
clothes föt n. pl.
clothing fatnaður m.
cloud ský n.
clubs (in cards) lauf n. pl.
clumsy klaufalegur
coach ferðavagn m.
coal kol n. pl.
coarse stórgerður, stórskorinn
coast strönd f.
coat kápa f., jakki m.
coat-hanger herðatré n.
cocoa kókó n.
cod þorskur m.
cod-liver oil þorskalýsi n.
coffee kaffi n.
coffin líkkista f.
coke koks n.

cold kuldi m., (illness) kvef n.; adj. kaldur
collar (shirt-) flibbi m., (coat-) kragi m.
colleague embættisbróðir m., starfsbróðir m.
collect v. safna
collection safn n., (taxes) innheimta f.
college skóli m.
collide v. rekast á
collision árekstur m.
colony nýlenda f.
colour litur m.
comb greiða f.; **c. one's hair** greiða sér
combine v. sameina
come v. koma
come about vilja til
come across finna, rekast á
come down (in price) lækka í verði
come round (revive) ná sér, jafna sig
comedy gamanleikur m.
comfort huggun f., (ease) þægindi n. pl.; v. hugga
comfortable þægilegur
command (leadership) stjórn f., (order) skipun f.; v. stjórna, skipa
commence v. byrja
comment athugasemd f.; v. gera athugasemd (**on** = við)
commerce verzlun f.

commit v. fremja
committee nefnd f.
common almennur, algengur
common sense skynsemi f.
communicate with hafa samband við
communication samband n.
communications samgöngur f. pl.
communist kommúnisti m.
companion félagi m.
company félag n.
compare v. bera saman
comparison samanburður m.
compel v. neyða
compete v. keppa
competition (sam)keppni f.
complain v. kvarta (**of** = um)
complete fullkominn, heill
complicated flókinn
compose v. setja saman
composition samsetning f.
comprehend v. skilja
compulsion nauðung f.
comrade félagi m.
conceal v. fela
conceited montinn
conceive v. hugsa sér
concern (business) verzlunarfyrirtæki n.; v. snerta; **it's no c. of yours** það kemur þér ekki við.

conclusion endir m, (outcome) niðurstaða f.
condemn v. dæma
condition (state) ástand n., (stipulation) skilyrði n.
conduct hegðun f.
conference ráðstefna f.
confidential trúnaðar- (as prefix)
confirm v. staðfesta
confuse v. rugla
congratulate v. samfagna, óska til hamingju
connect v. tengja saman
conquer v. sigra
conscientious samvizkusamur
conscious meðvitandi
consent samþykki n; v. samþykkja
consequence afleiðing f.
consider v. íhuga, hugleiða
consonant samhljóði m.
constant stöðugur
constipation harðlífi n.
constitution stjórnarskrá f.
consul ræðismaður m.
consulate ræðismannsskrifstofa f.
consult v. leita ráða hjá
contain v. innihalda
contemporary samtíða, nútíma- (as prefix)

contemptuously með fyrirlitningu
content ánægður
contents innihald n.
continent meginland n., heimsálfa f.
continuation (á)framhald n.
continue v. halda áfram
continuous sífelldur, stanzlaus
contract samningur m.
contradict v. rengja
contrary gagnstæður; **on the c.** þvert á móti
contribute v. leggja til
contribution tillag n.
control takmörkun f.; v. takmarka
convenient þægilegur, (fitting) hentugur
conversation samtal n.
convict fangi m.; v. dæma sekan
convince v. sannfæra
cook matreiðslumaður m., matreiðslukona f.; v. matreiða, elda
cooker eldavél f.
cool svalur; v. kæla
co-operate v. vinna saman
co-operation samvinna f.
copper eir m., (coins) eirpeningar m. pl.
copy eftirrit n., (specimen) eintak n.; v. líkja eftir
cord band n., strengur m.

cork korktappi m.
corpse lík n.
correct réttur; v. leiðrétta
correction leiðrétting f.
correspondent (news) fréttaritari m.
correspond to v. samsvara, **c. with** skrifast á
corridor gangur m.
corrupt v. spilla
corset lífstykki n.
cost kostnaður m.; v. kosta
costly kostnaðarsamur
costume búningur m., (lady's) dragt f.
cottage lítið hús
cotton baðmull f., (fabric) léreft n.
cough hósti m.; v. hósta
could v. (ég) gat
count v. telja
counter búðarborð n.
country land n., (opposed to town) sveit f.
couple par n., (married) hjón n. pl.
courage hugrekki n.
court (royal) hirð f., (yard) garður m., (law) dómstóll m.
courtesy kurteisi f.
courteous kurteis
cousin (male) frændi m., (female) frænka f.

cover (shelter) skjól n.; v. þekja
covet v. girnast
cow kýr f.
cowardly huglaus, ragur
crack brestur m., (crevice) sprunga f.; v. bresta, springa
crashland v. nauðlenda
crawl v. skríða
crazy brjálaður
cream rjómi m., (cosmetic) krem n.
create v. skapa
creature skepna f.
credible trúlegur
credit (belief) trúnaður m., (money) lánstraust n., (honour) sómi m.; v. (believe) trúa
credulous auðtrúa
creep v. skríða, læðast
crew skipshöfn f.
crime glæpur m.
criminal glæpamaður m.; adj. glæpsamlegur
cross kross m.; adj. gramur; v. fara yfir
cross out strika út
crow kráka f.
crowd hópur m., mannfjöldi m.
crown kóróna f.; v. krýna
cruel grimmur
cruelty grimmd f.

crumb moli m.
crust brauðskorpa f.
cry kall n., óp n.; v. kalla, (weep) gráta
cultivate v. rækta
cultivation ræktun f.
culture menning f.
cunning kænska f.; adj. slægur.
cup bolli m.
cupboard skápur m.
curable læknandi
curate aðstoðarprestur m.
cure lækning f.; v. lækna
curiosity forvitni f.
curious forvitinn
curl hárlokkur m.
currency gjaldeyrir m.
current straumur m.; **direct c.** jafnstraumur; **alternating c.** riðstraumur
curtain gluggatjald n., gardína f.
curve beygja f.; v. beygja (st)
cushion sessa f., púði m.
custom vani m., venja f.
customs tollur m.
customs house tollbúð f.
custody varðhald n., gæzla f.
cut (wound) sár n., (of clothes) snið n.; v. skera; **have one's hair c.** láta klippa sig.
cycle reiðhjól n.; v. hjóla

D

dad pabbi m.
daily daglegur; adv. daglega
dairy mjólkurbú n.
dam stífla f.; v. stífla
damage skaði m., tjón n.; v. skaða, skemma
damp raki m.; adj. rakur
dance dans m., dansleikur m.; v. dansa
danger hætta f.
dangerous hættulegur
dare v. þora
daring djarfur
dark dimma f.; adj. dimmur, dökkur
darkness myrkur n.
darling elskan f.
darn v. stoppa
date mánaðardagur m.; v. dagsetja
daughter dóttir f.
dawn dögun f.; v. daga, birta
day dagur m.
daylight dagsbirta f.
dead dauður, dáinn
deadly banvænn
deaf heyrnarlaus
deal v. (business) verzla, (cards) gefa, **d. with** fást við
dealings viðskipti n. pl.

dear kær, (expensive) dýr
dearth skortur m.
death dauði m.
debate umræða f; v. ræða um
debt skuld f.
debtor skuldunautur m.
decay v. hrörna
deceive v. blekkja
decent sæmilegur
deception blekking f.
decide v. ákveða
decision úrskurður m., ákvörðun f.
deck þilfar n.
declare v. lýsa yfir, segja
decorate v. skreyta, (paint) mála
decrease minnkun f.; v. minnka
dedicate v. vígja
deduct v. draga frá
deduction frádráttur m.
deed verk n., (document) skjal n.
deep djúpur
deepen v. dýpka
defeat ósigur m; v. sigra
defect galli m.
defence vörn f.
defend v. verja
defer v. fresta
defiant ögrandi

define v. (fix) ákveða, (explain) skýra, (limit) takmarka
definite ákveðinn
defy v. ögra, mana
degenerate v. úrkynjast
degree stig n., háskólapróf n.
delay töf f.; v. fresta, tefja (fyrir)
delegate fulltrúi m.
delegation sendinefnd f.
delete v. strika út
deliberately af ásettu ráði
delight gleði f.; v. gleðja
delightful indæll
delirious með óráði
deliver v. (hand over) afhenda, (free) frelsa
deliverance frelsun f.
delivery afhending f.
demand eftirspurn f.; v. heimta
democracy lýðræði n.
demonstrate v. sýna, (prove) sanna
demoralize v. siðspilla
denial neitun f., synjun f.
denote v. tákna, þýða
dentist tannlæknir m.
deny v. neita
depart v. fara burtu, fara af stað
departure burtför f.
depend on v. (rely on) reiða sig á

dependent (on) háður
depreciate (in value) v. falla í verði
depreciation verðfelling f.
deprive v. svipta
depth dýpt f.
deputy fulltrúi m.
descend v. fara niður
descendant afkomandi m.
describe v. lýsa
description lýsing f.
desert eyðimörk f.
desert v. yfirgefa
deserve v. verðskulda
desirable æskilegur
desire löngun f., ósk f.; v. langa í, óska sér
desk skrifborð n.
despair örvænting f; v. örvænta
despatch v. senda, afgreiða
desperate vonlaus
despise v. fyrirlíta
despondent hugsjúkur
dessert eftirmatur m.
destination (place of) ákvörðunarstaður m.
destroy v. eyðileggja
destruction eyðilegging f.
detail smáatriði n.; **in d.** adv. nákvæmlega

detect v. uppgötva
detective leynilögreglumaður m.
detective story leynilögreglusaga f.
deter v. hræða frá
deteriorate v. versna
determine v. ákveða
determined ákveðinn
detour krókur m.
develop v. þroskast, (photo) framkalla
development þroski m.
deviate v. víkja frá
devil djöfull m., fjandi m.
devoted hollur, trúr
devout guðhræddur
dew dögg f.
dial (of watch) skífa f.
dialect mállýzka f.
diary dagbók f.
dictate v. (order) fyrirskipa, (read) lesa fyrir
dictatorship einveldi n.
dictionary orðabók f.
die v. deyja
diet mataræði n., matarkúr m.
difference mismunur m.
different ólíkur
difficult erfiður
difficulty erfiðleiki m.
dig v. grafa

digest v. melta
dignified virðulegur
dilemma klípa f.
diligent iðinn
dilute v. þynna
dim óljós, (colour) daufur
diminish v. minnka
dimple spékoppur m.
din hávaði m.
dine v. borða
dining room borðstofa f.
dinner miðdegisverður m.
diphtheria barnaveiki f.
direct adj. beinn; v. leiðbeina
direction átt f.; **d-s** leiðbeiningar f. pl.
directly beinlínis, beina leið
director forstjóri m.
directory (telephone) símaskrá f.
dirt óhreinindi n. pl.
dirty óhreinn
disabled óverkfær
disadvantage óhagur m.
disagree v. vera ósammála
disagreement ágreiningur m.
disappear v. hverfa
disappoint v. bregðast
disappointment vonbrigði n. pl.
disarmament afvopnun f.
disaster ógæfa f., (accident) slys n.

disbelief vantrú f.
discharge v. (cargo) afferma, (gun) hleypa af
discipline agi m.
disclose v. leiða í ljós
discomfort óþægindi n. pl.
discontent óánægja f.
discóunt afsláttur m.
discover v. finna
discovery fundur m.
discreet orðvar
discuss v. ræða
disease sjúkdómur m.
disembark v. fara í land
disgrace svívirðing f.; v. svívirða
disguise dulbúningur m.; v. dulbúa
disgust viðbjóður m.
disgusting viðbjóðslegur
dish fat n.
dishonest óheiðarlegur
disinfect v. sótthreinsa
disinfectant sótthreinsunarefni n.
dislike óbeit f.; v. mislíka
dismiss (from post) v. reka (úr starfi)
disobedient óhlýðinn
disordered í ólagi
display sýning f.; v. sýna
displeased óánægður
dispose of losna við

disrespect virðingarleysi n.
dissatisfaction óánægja f.
dissatisfied óánægður
dissolve vt. leysa upp
distance fjarlægð f.
distant fjarlægur
distinct adj. skýr
distinctly greinilega
distinguish v. greina í sundur
distribute v. úthluta
district (country) hérað n., sveit f., (town) hverfi n.
disturb v. trufla
ditch skurður m.
divan dívan m.
diver kafari m.
divide v. deila, skipta
divorce skilnaður m.; v. skilja við
do v. gera
do away with útrýma
do without vera án
dock skipakví f.
doctor læknir m.
doctrine kenning f.
document skjal n.
dog hundur m.
dole atvinnuleysisstyrkur m.
dollar dollar m.

domestic heimilis- (as prefix), innanlands- (as prefix)
donkey asni m.
door hurð f.
dose skammtur m.
double adj. tvöfaldur
doubt efi m.; v. efast um
doubtful vafasamur
dough deig n.
down prp. niður; adv. niður, niðri
downcast dapur
downstairs adv. niðri
doze v. blunda
dozen tylft f.
drag v. draga
drain ræsi n.; v. tæma
draw v. draga, (picture) teikna
draw (in sport) jafntefli n.
drawer skúffa f.
dread ótti m.; v. óttast
dream draumur m.; v. dreyma
drenched holdvotur
dress kjóll m.; klæða (sig)
dressing-gown morgunsloppur m.
drink drykkur m.; v. drekka
drive v. (car) aka, keyra, (sheep) reka
driver (of car) bílstjóri m.
drop (of liquid) dropi m., (fall) fall n.; v. láta falla, missa niður

drop in (visit) líta inn
drop off móka
drown vi. drukkna
drug eiturlyf n.
drum trumba f.
drunk drukkinn
dry þurr; vt. þurrka, vi. þorna
dry cleaning kemisk hreinsun, hreinsun í efnalaug
duck önd f.
due (proper) skyldugur, (expected) væntanlegur
duet tvísöngur m.
duke hertogi m.
dull (of sound or colour) daufur, (stupid) heimskur
dumb mállaus
duplicate v. tvöfalda, fjölrita
duplicator fjölritari m.
during meðan, um, í
dusk rökkur n.
dust ryk n.
dutiable tollskyldur
duty skylda f., (customs) tollur m.
dwell v. dveljast, eiga heima
dye litur m.; v. lita
dynamo raffall m.

E

each hver, sérhver
eager ákafur
eagle örn m.
ear eyra n.
ear-ache hlustaverkur m.
early adv. snemma
earn v. vinna fyrir, afla
earnest alvara f.; adj. einlægur
ear-rings eyrnalokkar m. pl.
earth jörð f., (soil) jarðvegur m., mold f.
earthly jarðneskur
earthquake jarðskjálfti m.
ease næði n.; v. létta
easily auðveldlega
east austur
Easter páskar m. pl.
easy léttur, auðveldur
easy-going skapgóður
eat v. borða, éta
eatable ætur
eatables matvæli n. pl.
ebb útfall n., fjara f.; v. falla út
echo bergmál n.; v. bergmála
economical sparsamur
economics hagfræði f.
economist hagfræðingur m.
economize v. spara

economy sparsemi f.
edge rönd f., barmur m., (border) jaðar m., (of knife) egg f.
edit v. gefa út
edition útgáfa f.
editor ritstjóri m.
educate v. mennta
education menntun f.
effect áhrif n. pl., (result) afleiðing f.
effort áreynsla f., (attempt) tilraun f.
egg egg n.
egg cup eggjabikar m.
eiderdown æðardúnn m.
eiderduck æðarfugl m.
either annarhvor, hvorttveggja; adv. heldur
elastic teygjuband n.; adj. teygjanlegur
elbow olnbogi m.
elder eldri
eldest elztur
elect v. kjósa
election kosning f.
electric raf- (as prefix), rafmagns- (as prefix)
electrician rafvirki m.
electricity rafmagn n.
elegant snyrtilegur, glæsilegur
elementary school barnaskóli m.
eloquence mælska f.

eloquent mælskur
else annars
elsewhere annars staðar
embark v. stíga á skip
embarassed (shy) feiminn
embassy sendiherraskrifstofa f.
embrace v. faðma
embroidery útsaumur m.
emergency landing nauðlending f.
emigrant útflytjandi m.
emigrate v. flytja af landi burt
emotion geðshræring f., (feelings) tilfinningar f. pl.
emphasis áherzla f.
emphasize v. leggja áherzla á
empire heimsveldi n., keisaradæmi n.
employ v. hafa í vinnu, (use) nota
employee vinnuþiggjandi m.
employer vinnuveitandi m.
employment vinna f., (use) notkun f.
empty tómur; v. tæma
encircle v. umkringja
enclose v. (with fence) girða, (in a letter) láta fylgja
encounter v. hitta
encourage v. hvetja
end endir m.; v. enda
endanger v. stofna í hættu
endeavour v. reyna

ending endir m.
endless endalaus
endorse v. (cheque) rita nafnið sitt aftan á, (opinion) staðfesta
endure v. þola
enemy óvinur m.
energy kraftur m., þrek n.
engaged (betrothed) trúlofaður, (phone) upptekinn
engine vél f.
English (language) enska f.; adj. enskur
enjoy v. njóta
enjoy oneself skemmta sér
enjoyment skemmtun f., nautn f.
enlarge v. stækka
enlighten v. fræða
enough nógur; adv. nógu
enrich v. auðga
ensure v. tryggja
enter v. ganga inn, fara inn
enterprise fyrirtæki n.
entertain v. skemmta
entertainment skemmtun f.
entire allur, heill
entirely alveg
entirety heild f.
entrance inngangur m.
entreat v. grátbæna
entrust v. fela, trúa fyrir

envelope umslag n.
envious öfundsjúkur
envy öfund f.; v. öfunda
epidemic landfarsótt f.
equal jafn
equally jafnt
equator miðjarðarlína f.
equinox jafndægur n. pl.
equip v. útbúa
equipment útbúnaður m.
equivalent jafngildur, samsvarandi
erect uppréttur; v. reisa, byggja
erosion (of land) landeyðing f., uppblástur m.
err v. fara villt, villast
errand erindi n.
errand boy sendill m.
erroneous rangur
error villa f.
erupt v. gjósa
eruption eldgos n.
escape undankoma f.; v. komast undan
escort fylgd f.; v. fylgja
essential nauðsynlegur
establish v. stofnsetja
estate jarðeign f.
esteem virðing f.; v. virða
eternal eilífur
evade v. komast hjá

even jafnvel
evening kvöld n.
(this) evening í kvöld
evening dress samkvæmisföt n. pl.
evenly jafnt
event atburður m.
eventually loksins
ever (at any time) nokkurn tíma, (for e.) alltaf
every hver, sérhver
everybody allir
everyday hversdagslegur
everything allt
everywhere alls staðar
evidence vitnisburður m.
evident augljós
evil vondur, illur
ewe ær f.
exact nákvæmur
exactly nákvæmlega
exaggerate v. ýkja
examination (investigation) rannsókn f., (school) próf n.
examine v. rannsaka, prófa, (look at) skoða
example dæmi n.
exceed v. fara út yfir
exceedingly mjög
excel v. skara fram úr

excellent ágætur, frábær
except conj. nema; v. undanskilja
exception undantekning f.
excess óhóf n.
exchange skipti n. pl.; v. skipta
excite v. æsa
excitement æsing f.
exclaim v. hrópa, kalla upp
exclude v. útiloka
exclusive einka- (as prefix)
excuse afsökun f.; v. afsaka
execute (work) framkvæma, (kill) líf-láta
exercise æfing f.; v. æfa, (use) nota
exhaust v. (use up) eyða, tæma
exhausted þreyttur, örmagna, uppgefinn
exhibit sýnisgripur m.; v. sýna
exhibition sýning f.
exile útlegð f., (person) útlagi m.; v. gera útlægan
exist v. vera til
existence tilvera f.
expect v. búast við, vænta
expectation von f., eftirvænting f.
expedition leiðangur m.
expense kostnaður m.
expensive dýr, kostnaðarsamur
experience reynsla f.
experienced reyndur

experiment tilraun f.; v. gera tilraun
explain v. skýra
explanation skýring f.
explode vi. springa, vt. sprengja
explosion sprenging f.
export útflutningur m.; v. flytja út
express v. láta í ljós
express train hraðlest f.
expression orðatiltæki n.; (look) svipur m.
external ytri
extinguish v. slökkva
extra (in addition) í viðbót, auka- (as prefix), (unusually) óvenjulega
extract útdráttur m.
extraordinary óvenjulegur
extravagant eyðslusamur
extreme yztur
eye auga n.
eyebrow augnabrún f.

F

face andlit n.; v. standa á móti
fact sannreynd f., staðreynd f.
factory verksmiðja f.
fade v. fölna
faded (garments) upplitaður

fail v. bregðast, mistakast, bila
failing veikleiki m., galli m.
faint máttfarinn, (sound) daufur
fair markaður m.; adj. bjartur, ljós, (just) sanngjarn
fair-haired ljóshærður
fairy álfur m.
faith trú f.
faithful trúr
faithless falskur
falcon fálki m.
fall fall n.; v. detta
fall ill verða veikur
fall in love with verða ástfanginn af
fall through verða að engu
fall out with rífast við
false falskur, ósannur
falsehood ósannindi n. pl.
fame frægð f.
family fjölskylda f.
familiar with kunnugur
famine hallæri n.
famous frægur
fancy ímyndun f.; v. ímynda sér
far fjarlægur; adv. langt
fare fargjald n.
farewell vertu sæll
farm bær m., bóndabær m.
farmer bóndi m.

farming búskapur m., landbúnaður m.
farther fjarlægari; adv. lengra
farthest fjarlægastur; adv. lengst í burtu
fashion tízka f.
fashionable í tízku
fashion show tízkusýning f.
fast (firm) fastur, (quick) fljótur; adv. fljótt
fasten v. binda
fat fita f.; adj. feitur
fatal banvænn
father faðir m.
fathom faðmur m.
fatigue þreyta f.
fault galli m., (mistake) villa f.
faultless gallalaus
faulty gallaður
favourable vinveittur, hagstæður
fear ótti m.; v. óttast
fearless óhræddur
feather fjöður f.
fed up (with) dauðleiður (á)
federation samband n.
fee gjald n.
feed v. fæða, (animals) fóðra
feel v. finna, (pain) finna til, (touch) þreifa á
(I) feel as if mér finnst sem

(I) feel cold mér er kalt
(how do you) feel hvernig líður þér
feel sorry for kenna í brjóst um
feeling tilfinning f.
fell vt. fella
fellow félagi m., náungi m.
fellow-countryman landi m.
felony glæpur n.
felt flóki m.
female kvenmaður m.; adj. kven- (as prefix)
fence girðing f.; v. girða
ferry ferja f.; v. ferja
fertile frjósamur
fetch v. sækja
fever hitasótt f.
few fáir
fiancé unnusti m.
fiancée unnusta f.
fiction skáldskapur m.; tilbúningur m.
field völlur m., (arable) akur m.
fig fíkja f.
fight bardagi m.; v. berjast
figure mynd f.; lögun f., (human) vöxtur m., (number) tala f.
file þjöl f.; v. sverfa
(in single) file í halarófu
fill v. fylla
fill up (a car) taka benzín

film (camera) filma f., (cinema) kvikmynd f.
film star filmstjarna f.
filthy óhreinn
final (sport) úrslitakeppni f.; adj. síðastur
finally loksins
finance fjárhagur m.
find v. finna
find fault with setja út á
fine fésekt f.; v. sekta
fine adj. fagur, ágætur
finger fingur m.
fingernail nögl f.
finish endir m.; v. enda, klára
fiord fjörður m.
fir fura f.
fire eldur m., (conflagration) bruni m.; v. (a gun) hleypa af, skjóta
(set) fire to v. kveikja í
fire-brigade slökkvilið n.
fire-proof eldtraustur
fire-station brunastöð f.
fire-wood eldiviður m.
firm firma f., fyrirtæki n.
firm adj. fastur
first adj. fyrstur
first aid bráðabirgðaðgerð eftir slys, hjálp í viðlögum

first and foremost fyrst og fremst
first class fyrsta-flokks, (on ship) fyrsta farrými
first-rate fyrsta flokks, frábær
firstly í fyrsta lagi
fish fiskur m; v. fiska, veiða
fisherman fiskimaður m., (fresh-water) veiðimaður m.
fish-hook öngull m.
fishing-boat fiskibátur m.
fishing line lína f.
fishing rod veiðistöng f.
fist hnefi m.
fit kast n.
fit adj. hentugur, hæfur; v. (clothes) fara vel
fix v. festa, ákveða
flag flagg n., fáni m.
flame logi m., bál n.; v. loga
flash glampi m., leiftur n.; v. glampa, leiftra
flat (dwelling) íbúð f.; adj. flatur, (smooth) sléttur
flat-iron straujárn n.
flatten v. jafna, slétta
flatter v. smjaðra
flattery smjaður n.
flavour bragð n., keimur m.
flee v. flýja

fleet floti m.
flesh hold n., (meat) kjöt n.
flexible beygjanlegur
flight flótti m., (air) flug n.
float v. fljóta
flock flokkur m. hópur m.
flood flóð n.; v. flæða (yfir)
floor gólf n. (storey) hæð f.
florin 2 shillingar
florist's (shop) blómabúð f.
flour hveiti n.
flourish v. blómgast
flow v. renna
flower blóm n.; v. blómgast
fluctuate v. ganga í bylgjum
fluid vökvi m.; adj. (situation) óstöðugur
fly fluga f.
fly v. fljúga
foam froða f.; v. freyða
fog þoka f., mistur n.
fold v. brjóta saman
folk fólk n.
follow v. fara á eftir, fylgja
folly vitleysa f., heimska f.
(be) fond of þykja vænt um
food matur m.
fool bjáni m.; v. narra
foot (pl. feet) fótur m., (measure) fet n.

football (game) knattspyrna f., (ball) fótbolti m.
footpath gangstígur m.
footprint fótspor n.
foot-sore sárfættur
for prp. fyrir, vegna, handa
for ever alltaf
for example til dæmis
for sale til sölu
forbid v. banna
force kraftur m., vald n.; v. neyða
forced landing nauðlending f.; **make a f. l.** nauðlenda
ford vað n.; v. vaða
forecast v. spá
forefinger vísifingur m.
forehead enni n.
foreign útlendur, útlenzkur
foreigner útlendingur m.
foreman verkstjóri m.
foresight framsýni f.
forest skógur m.
forge v. smíða, (cheque) falsa
forger falsari m.
forgery fölsun f.
forget v. gleyma
forgive v. fyrirgefa
fork gaffall m.
form mynd f., lögun f.; v. stofna, mynda

formally formlega
former fyrri, fyrrnefndur
formerly áður fyrr
fort virki n.
fortify v. víggirða
fortnight 14 dagar
fortunate heppinn
forward(s) adv. áfram
found v. stofna
founder v. (ship) farast, sökkva
fowl alifugl m.
fox tófa f., refur m.
fracture brot n., beinbrot n.
fragile brothættur
frankly hreinskilnislega
frantic óður
fraud svik n. pl.
freckle frekna f.
free frjáls, (without payment) ókeypis; v. frelsa
freedom frelsi n.
freeze vi. frjósa, vt. frysta
French (language) franska f.; adj. franskur
Frenchman Frakki m.
frequent tíður
frequently oft, iðulega
fresh nýr, ferskur
friend vinur m.

friendly vingjarnlegur
friendship vinátta f.
fright ótti m., hræðsla f.
frighten v. hræða
frightened hræddur
frock kjóll m.
from prp., frá, af
front framhlið f.; adj. fram- (as prefix)
frost frost n., kuldi m.
frostbitten kalinn
frown v. yggla sig
fruit ávöxtur m.
fruitful frjósamur
fruitless (without success) árangurslaust
fry v. steikja
fuel eldsneyti n.
fulfil v. efna
full fullur
fully-grown fullvaxinn
fun gaman n.
fund sjóður m.
funeral jarðarför f.
funny skrítinn
fur loðskinn n.
furious fokreiður
furniture húsgögn n. pl.
further adv. ennfremur

fury ofsi m.
fuse (electricity) öryggi n.; v. **bræða** saman
futile gagnslaus
future framtíð f.

G

gable gafl m.
gaily glaðlega
gain gróði m.; v. fá, græða
gale hvassviðri n.
gallon um 4½ líter
galoshes skóhlífar f. pl.
gamble áhætta f., áhættuspil n.; v. hætta á, spila
game leikur m.
gang óaldarflokkur m.
gaol fangelsi n.
gap skarð n.
gape v. gapa
garage bílskúr m., (for petrol) benzínsala f., (for repairs) bílaverkstæði n.
garden garður m.
gardener garðyrkjumaður m.
garment fat n.
garret þakherbergi n.
garrison setulið n.

garter sokkaband n.
gas gas n.
gasp for breath taka andköf, súpa hveljur
gate hlið n.
gather vt. tína, safna saman, vi. koma saman
gay kátur, glaður
gaze v. stara
gear (motor) gangur m., gír n.
genealogy ættfræði f.
general adj. almennur
generally venjulega
generosity örlæti n.
generous örlátur
genius snillingur m.
gentle blíður
gentleman (pl. gentlemen) heiðursmaður m., maður m.
gently blíðlega, varlega
genuine ekta
geography landafræði f.
geology jarðfræði f.
geometry flatarmálsfræði f.
German (language) þýzka f.; adj. þýzkur.
Germans Þjóðverjar m. pl.
get v. fá, ná í
get away komast undan

get in (election) vera kosinn
get one's own back borga í sömu mynt
get on taka framförum, komast áfram
get out of (difficulty), komast undan
get out of bed fara á fætur
get over komast yfir
get the better of sigra
get through (examination) standast (próf)
get through (telephone) fá samband
get tired of verða leiður á
get up fara á fætur
geyser geysir m., hver m.
ghost draugur m., vofa f.
giant risi m.
gift gjöf f.
giggle v. flissa
gimlet nafar m.
gin brennivín n.
ginger engifer n.; adj. rauðhærður
girl stúlka f., (lass) stelpa f.
give v. gefa
give in gefast upp
give one's regards (love) to biðja að heilsa
give one notice segja upp (stöðu)
give one's notice (in) segja af sér stöðu
give up for lost telja af

glacier jökull m.
glad glaður
glance snöggt tillit n.; v. líta snöggvast(**at** = **á**)
gland kirtill m.
glare v. glápa (**at** = **á**)
glass gler n., (tumbler) glas n., (mirror) spegill m.
glasses (for eyes) gleraugu n. pl.
gleam v. skína
glide v. renna, (in air) svífa
glider svifffluga f.
gliding svifflug n.
glimpse v. sjá í svip, sjá bregða fyrir
glisten v. glóa
glitter v. glitra
globe hnöttur m.
gloom dimma f., (of mind) hryggð f.
gloomy daufur, hryggur
glory dýrð f.
glove hanzki m.
glow v. glóa
glue lím n.
glum önugur
glutton mathákur m.
gnat mýfluga f.
gnaw v. naga
go v. fara
go in for leggja stund á

go to bed (fara að) hátta
go to law fara í mál
go without vera án
(**that**) **goes without saying** það er óþarfi að taka það fram
go wrong mistakast, bilast
goal takmark n., (football) mark n.
goalkeeper markvörður m.
God guð m.
goggles rykgleraugu n. pl.
(**am**) **going to** (ég) ætla að
gold gull n.
goldsmith gullsmiður m.
good gagn n., hagur m.; adj. góður
good-bye vertu sæll
good evening gott kvöld
good morning góðan daginn
good-natured góðlyndur
good night góða nótt
goods vörur f. pl.
goose (pl. **geese**) gæs f.
gorgeous skrautlegur
gospel guðspjall n.
gout liðagigt f.
govern v. stjórna
government stjórn f.
grace yndisleiki m., þokki m., (at meals) borðbæn f.
gradually smám saman

grain korn n.
grammar málfræði f.
gramme gramm n.
gramophone grammófónn m.
gramophone record hljómplata f., grammófónsplata f.
grand stór, ágætur, fagur
grandchild barnabarn n.
grandfather afi m.
grandmother amma f.
grant veiting f., styrkur m.; v. gefa, veita
grape vínber n.
grasp v. grípa (**at** = í)
grass gras n.
grassy grösugur
grateful þakklátur
gratifying ánægjulegur
gratis ókeypis
gratitude þakklæti n.
grave gröf f.; adj. alvarlegur
gravely alvarlega
gravel möl f.
gravy sósa f.
graze skeina f.; v. strjúkast við
graze v. (of cattle) halda á beit, vera á beit
grease feiti f., v. smyrja
great mikill

great grandfather langafi m.
greed ágirnd f.
greediness græðgi f.
greedy gráðugur
green grænn
green-grocer matjurtasali m.
greenhouse gróðurhús n.
greet v. heilsa
greeting kveðja f.
grey grár
grey-haired gráhærður
grief sorg f.
grieve vt. hryggja, vi. syrgja
grill v. steikja á rist
grilled ristaður
grim óblíður
grimace gretta f.; v. gretta sig
grin glott n.; v. glotta
grind v. mala
groan stuna f.; stynja
grocer nýlenduvörusali m.
gross digur, feitur; 'brutto'
ground jörð f., grund f.
ground floor fyrsta hæð
grounds (reason) ástæða f.
group hópur m.; v. flokka
grow vi. vaxa, (become) verða; vt. rækta
grow up fullorðinn

growl v. urra
growth vöxtur m.
grudge v. telja eftir, horfa í
grumble v. nöldra
guarantee ábyrgð f.; v. ábyrgjast
guard v. gæta, **g. against** vara sig á
guess ágizkun f.; v. gizka á, geta
guest gestur m.
guest-room gestaherbergi n.
guidance leiðsögn f.; fylgd f.
guide fylgdarmaður m.; v. fylgja, leiðbeina
guilt afbrot n., sekt f.
guilty sekur
guitar gítar m.
gulf flói m.
gun byssa f.
gunpowder púður n.
gush v. buna
gust gustur m.
gutter renna f., ræsi n.
gymnastics leikfimi f.

H

habit venja f., vani m.
habitable byggilegur
haddock ýsa f.

hail hagl n.
hair hár n.
hair brush hárbursti m.
hairdresser hárskeri m.
half (pl. halves) helmingur m.; adj. hálfur
half-breed kynblendingur m.
half-mast í hálfa stöng
half-wit fábjáni m.
halibut lúða f.
hall forstofa f.
halt v. (stop) nema staðar
ham saltað svínslæri
hammer hamar m.; v. hamra
hand hönd f.; v. rétta
handcuff handjárn n. pl.
handle handfang n., skaft n.
hand-rail handrið n.
handsome myndarlegur
handwriting rithönd f.
handy (skilled) lagvirkur, (convenient) hentugur
hang vt. hengja, vi. hanga
happen v. vilja til
happiness gleði f.
happy glaður
harbour höfn f.
hard harður, (difficult) erfiður
hard-boiled harðsoðinn

harden vt. herða, vi. harðna
hardly adv. varla
hardship erfiði n.
hardware járnvörur f. pl.
harlot vændiskona f.
harm skaði m.; v. skaða
harmful skaðlegur
harmless meinlaus, skaðlaus
harvest uppskera f.
(he) has been (hann) hefir verið
hasten v. flýta sér
hat hattur m.
hatchet smáöxi f.
hate hatur n.; v. hata
hateful andstyggilegur
haughtiness dramb n.
haul v. draga
have v. hafa, (possess) eiga
have on (clothes) vera í
have to verða að
hay hey n.
hazard áhætta f.
he hann
he who sá sem
head höfuð n.
(per) head á mann
(from) head to foot frá hvirfli til ilja
head over heels algjörlega
headache höfuðverkur m.

headland höfði m.
headmaster skólastjóri m.
heal v. græða, vi. gróa
health heilsa f.
heap hrúga f.
hear v. heyra
heart hjarta n.
heartburn brjóstsviði m.
hearth arinn m.
heat hiti m.; v. hita
heath (lyng)heiði f.
heathen heiðingi m.; adj. heiðinn
heating hitun f.
heaven himinn m.
heavy þungur
hedge limgarður m.
heed v. gefa gaum að
heel hæll m.
height hæð f.
heir erfingi m.
hell helvíti n.
helm stýri n.
helmet hjálmur m.
help hjálp f.; v. hjálpa
helpful hjálpsamur
hen hæna f.
hence héðan (frá), þess vegna
her hana, henni, (possessive) hennar
here hér, (to here) hingað

hero hetja f.
heroine kvenhetja f.
heroism hetjuskapur m.
herring síld f.
hers hennar
hesitate v. hika (við)
hide v. fela
hide húð f., skinn n.
hide and seek feluleikur m.
hideous hræðilegur
high hár
high-flown háfleygur
high tension (elec.) háspenna f.
high water háflóð n.
highway þjóðvegur m.
hike ferðast gangandi
hill hæð f., brekka f.
hilly hæðóttur
him hann, honum
hind adj. aftur- (as prefix)
hinder v. hindra
hint bending f.
hip mjöðm f.
hire v. taka á leigu
his hans
historian sagnfræðingur m.
historic sögulegur
history saga f.
hit v. hitta, hæfa

hoarse hás
hoax gabb n.; v. gabba
hobby áhugaefni n.
hold v. halda, (contain) taka
hold (in ship) lest f.
hold one's tongue þegja
hold water vera vatnsheldur
hole gat n.
holiday helgidagur m., frídagur m.
hollow holur
holy heilagur
home heimili n.; adv. (at home) heima, (to home) heim, (from home) heiman
honest ráðvandur
honesty ráðvendni f.
honey hunang n.
honeymoon hveitibrauðsdagar m. pl.
honour heiður m., (esteem) virðing f.
honourable heiðarlegur
hood hetta f.
hoof hófur m.
hook krókur m., (fish-) öngull m.
hooping cough kíghósti m.
hope von f.; v. vona
hopeful vongóður, (promising) efnilegur
hopeless vonlaus
horizon sjóndeildarhringur m.

horrible hræðilegur
horse hestur m., hross n.
horseback hestbak n.
horse-power hestafl n.
horse-races kappreiðar f. pl.
horseshoe skeifa f.
hose-pipe vatnsslanga f.
hospitable gestrisinn
hospital spítali m., sjúkrahús n.
hospitality gestrisni f.
hostel gistihús n., stúdentagarður m.
hostile fjandsamlegur
hot heitur
hotel gistihús n.
hour klukkustund f., tími m.
house hús n.; v. hýsa
housekeeper ráðskona f.
how hvernig, hversu
how big he is hvað hann er stór
however (no matter how) hversu sem, (nevertheless) samt sem áður
huge afarstór
human mannlegur, mennskur
humane mannúðlegur
humanity mannkyn(ið) n.
humble auðmjúkur
humid rakur (um loft)
humiliate v. niðurlægja
humorous fyndinn

hundredweight 50,8 kíló
hunger hungur n.
hungry hungraður
hunt veiði f., (search) leit f.; v. veiða (dýr), h. **for** leita eftir
hurry v. flýta sér
hurt v. meiða
husband eiginmaður m.
hut kofi m.
hymn sálmur m.
hypnosis dáleiðsla f.
hypocrisy hræsni f.
hypocrite hræsnari m.
hysterics móðursýki f.

I

I ég
ice ís m.
Icelander Íslendingur
Icelandic (language) íslenzka f.; adj. íslenzkur
icy ískaldur
idea hugmynd f.
ideal hugsjón f.; adj. fyrirmyndar- (as prefix)
idealist hugsjónamaður m.
identical samur

idiot fábjáni m.
idle latur
idleness iðjuleysi n.
if ef, hvort, þótt
ignorance fáfræði f.
ignorant fáfróður
ignore v. gefa engan gaum að
ill veikur
illegal ólöglegur
illegible ólæsilegur
illegitimate óskilgetinn
illicit óleyfilegur
illiterate ómenntaður
illness sjúkdómur m.
illustrate v. (make clear) skýra, (picture) skreyta með myndum
illustration skýring f., mynd f.
imaginable hugsanlegur
imagination ímyndun f.
imagine v. ímynda sér
imitate v. líkja eftir, stæla
imitation eftirlíking f., stæling f.
immediately undir eins, strax
immigrant innflytjandi m.
immigration innflutningur (fólks) m.
immodest óhæverskur
immoral ósiðvandur
immortal ódauðlegur
immovable fastur

immune ónæmur (to = fyrir)
impartial óhlutdrægur
impassible ófær
impatience óþolinmæði f.
impatient óþolinmóður
impersonal ópersónulegur
impertinent ósvikinn
implement verkfæri n.; v. efna
imply v. þýða, gefa í skyn
impolite ókurteis
import innflutningur (vara) m.; v. flytja inn
import licence innflutningsleyfi n.
importance mikilvægi n.
important mikilvægur
impose v. leggja á, (deceive) blekkja
impossible ómögulegur
impracticable óframkvæmanlegur
improbable ólíklegur
improper ósæmilegur
improve v. bæta, vi. batna
imprudence vanhyggja f.
imprudent óhygginn
impulsive fljótfærinn
in í, á; adv. inni
in front of fyrir framan
in some ways að sumu leyti
in spite of þrátt fyrir
in the evenings á kvöldin

in the mornings á morgnana
inaccurate ónákvæmur
inappropriate óhentugur, óviðeigandi
inborn meðfæddur
incapable óhæfur, ófær (of = til)
incessant sífelldur, stöðugur
inch þumlungur m.
incident atvik n.
inclination tilhneiging f. (to = til)
include v. fela í sér
inclusive meðtalinn
income tekjur f. pl.
income tax tekjuskattur m.
incompetent óbær, ekki starfi sínu vaxinn
incomplete ófullkominn
incomprehensible óskiljanlegur
inconceivable óhugsandi
inconsolable óhuggandi
inconvenient óþægilegur
incorrect rangur
increase fjölgun f.; v. auka
incredible ótrúlegur
incurable ólæknandi
indecent ósæmilegur
indeed að vísu, raunar
indefensible óverjandi
independence sjálfstæði n.
independent sjálfstæður, óháður

index efnisyfirlit n., registur n.
indicate v. benda á, láta í ljós
indignant reiður
indignation reiði f.
indirect óbeinn
indispensable ómissandi
indistinct óljós
individual einstaklingur m.
indoors innanhúss, inn
industrious iðinn
industry iðnaður m., (activity) starfsemi f.
inestimable ómetanlegur
inevitable óhjákvæmilegur
inexcusable óafsakanlegur
inexhaustible óþrjótandi
inexpensive ódýr
inexperienced óreyndur
inexplicable óskýranlegur
infallible óskeikull
infamous illræmdur
infamy svívirðing f.
infancy bernska f.
infant ungbarn n.
infantile paralysis mænuveiki f., lömunarveiki f.
infantry fótgönguliđ n.
infect v. smita, sýkja
infectious smitandi

inferior lægri, lakari
inflammable eldfimur
inflammation bólga f.
influence áhrif n. pl.; v. hafa áhrif á
influenza inflúenza f.
information upplýsingar f. pl.
infrequent fátíður
ingratitude óþakklæti n.
inhabit v. búa í
inherit v. erfa
inheritance arfur m.
injection innsprauta f.
injure v. skaða, meiða
injurious skaðlegur
injury mein n., (damage) skaði m.
injustice ranglæti n.
ink blek n.
inlet vogur m.
inmost innstur
inn gistihús n., veitingahús n.
inner innri
innocence sakleysi n.
innocent saklaus
innumerable óteljandi
inoculate v. bólusetja
inoffensive meinlaus
inquire v. spyrja
inquiry spurning f., rannsókn f.
inquisitive forvitinn

insanity geðveiki f.
insect skordýr n.
inscription áletrun f.
inseparable óaðskiljanlegur
inside innhverfa f.; adv. & prp. fyrir innan
insignificant ómerkilegur
insincere óeinlægur
insist v. halda einhverju fast fram, (demand) heimta
insolence ósvifni f.
insolent ósvífinn
insomnia svefnleysi n.
inspect v. skoða
instalment afborgun f.
(for) instance til dæmis
instant augnablik n.
instead of í staðinn fyrir
instinct eðlishvöt f.
instinctively ósjálfrátt
institution stofnun f.
instruct v. kenna, fræða, (order) fyrirskipa
instruction kennsla f.
instructions skipanir f. pl., (for use) notkunarreglur f. pl.
instrument verkfæri n., (musical) hljóðfæri n.
insufficient ófullnægjandi

insulate v. einangra
insulation (material) einangrunarefni n.
insult móðgun f.; v. móðga
insurance ábyrgð f., vátrygging f.
insure v. vátryggja
intact ósnortinn
intelligence vitsmunir m. pl.
intelligent skynsamur
intelligible skiljanlegur
intend v. ætla, hafa í hyggju (to = að)
intention ætlun f., áform n.
intercourse samgöngur f. pl., (dealings) viðskipti n. pl.
interest áhugi m., (per cent) vextir m. pl.; v. vekja áhuga
interfere v. skipta sér af
internally innvortis
international alþjóða- (as prefix)
interpret v. túlka
interpreter túlkur m.
interrogate v. spyrja, (witness) yfirheyra
interval millibil n., (at theatre) hlé n.
interview viðtal n.
intimate innilegur, náinn
intimidate v. hræða
into inn í
intolerable óþolandi
introduce v. kynna, (bring in) leiða inn

inundate v. flæða yfir
invade v. ráðast inn í
invalid adj. ógildur
invaluable ómetanlegur
invariable óbreytanlegur
invasion innrás f.
invent v. finna upp
invention uppfinning f.
inverted commas gæsalappir f. pl.
investigate v. rannsaka
investigation rannsókn f.
invisible ósýnilegur
invitation boð n.
invite v. bjóða
invoice vöruskrá f.
iodine joð n.
iron járn n.; v. (clothes) strauja
ironmonger járnvörusali m.
irreparable óbætanlegur
irresolute hikandi
irresponsible ábyrgðarlaus
island ey f., eyland n.
it það
italics skáletur n.
item atriði n.
its þess
ivory fílabein n.

J

jack (in cards) gosi m.
jacket jakki m.
jail fangelsi n.
jam sultutau n.
jar krukka f.
jargon hrognamál n.
jaundice guluveiki f.
jaw kjálki m.
jawbone kjálkabein n.
jealous afbrýðisamur
jealousy afbrýðisemi f.
jeep jeppi m.
jeer v. hæða, spotta
jerkin stutt (leður)treyja f.
jersey peysa f.
jest gaman n.; v. gera að gamni sínu
jet-black kolsvartur
jetty bryggja f.
Jew Gyðingur m.
jewel gimsteinn m.
jeweller gimsteinasali m.
job vinna f., staða f.
jockey knapi m.
join v. tengja saman
joiner snikkari m.
joint liður m., (meat) kjötstykki n.; adj. sameiginlegur

(out of) **joint** úr liði
joke fyndni f.; v. gera að gamni sínu
jolly glaður, kátur
journal dagblað n.
journalism blaðamennska f.
journalist blaðamaður m.
journey ferð f.
joy gleði f.
joyful gleðilegur
jubilee minningarhátíð f.
judge dómari m.; v. dæma
judgement dómur m., (opinion) skoðun f.
judicious skynsamlegur
jug kanna f.
juice safi m.
jump stökk n.; v. stökkva
junction (road) vegamót n. pl.
jungle frumskógur m.
junior yngri
jury kviðdómur m.
just réttlátur, (fair) sanngjarn; adv. alveg, aðeins
just now rétt áðan
justice réttvísi f.
justify v. réttlæta
justly réttilega
juvenile unglingur m.; adj. ungur

K

keel kjölur m.
keen (sharp) beittur, hvass, (eager) ákafur
keep v. halda, varðveita, geyma
keeper gæzlumaður m., vörður m.
keepsake minjagripur m.
kerb(stone) randsteinn (í götu) m.
kettle ketill m.
key lykill m.
kick spark n.; v. sparka
kid (young goat) kiðlingur m., (child) krakki m.
kidney nýra n.
kill v. drepa
kilogramme kíló(gramm) n.
kilometre kílómetri m., kílómeter m.
kin ætt f.
kind tegund f.; adj. góður
kindle v. kveikja
kindly vingjarnlegur
kindness góðvild f.
kindred skyldmenni n.
king konungur m.
kingdom konungsríki n.
kinsman frændi m.
kinswoman frændkona f., frænka f.
kipper reykt síld

kiss koss m.; v. kyssa, kyssast
kitchen eldhús n.
kitchen garden matjurtagarður m.
kitten kettlingur m.
kleptomania stelsýki f.
knapsack bakpoki m.
knee hné n.
kneel v. krjúpa
knickers (kven)buxur f. pl.
knife (pl. knives) hnífur m.
knit v. prjóna
knitting-needle bandprjónn m.
knob húnn m., hnúður m.
knock högg n.; v. berja (á dyr)
knot hnútur m.
know v. vita, (person) þekkja
knowingly af ásettu ráði
knowledge þekking f., kunnátta f.
known þekktur, viðurkenndur
knuckle hnúi m.

L

label merki n.; v. merkja
laboratory tilraunastofa f., rannsóknarstofa f.
labour (toil) erfiði n., (work) vinna f.
lace blúnda f., knipplingar m. pl., (ribbon) borði m., (shoe) reim f.

lack skortur m.; v. skorta, vanta
lad piltur m.
ladder stigi m.
lady heldri kona f., kona f.
lake stöðuvatn n., tjörn f.
lamb lamb n.
lame haltur
lament v. harma, kveina
lamentable hörmulegur
lamp lampi m.
land land n., jörð f.; v. lenda
landlord húsráðandi m., húseigandi m.
landowner landeigandi m.
landscape landslag n., (picture) landslagsmynd f.
lane öngstræti n.
language tungumál n., tunga f.
lap kelta f.; v. lepja
lard svínafeiti f.
larder búr n.
large stór, mikill
lass stúlka f., telpa f.
last síðastur; v. endast
latch loka f.
late seinn, (former) fyrrverandi
lately nýlega
latent leyndur
later on seinna meir
latitude (hnatt)breidd f.

latter síðari
laugh hlátur m., v. hlæja
laughable hlægilegur
laughter hlátur m.
launch v. hleypa af stokkunum
laundry þvottahús n., (washing) þvottur m.
lava hraun n.
lavatory salerni n.
law lög n. pl., (study) lögfræði f.
lawful löglegur
lawn grasflöt f.
lawyer lögfræðingur m.
lay v. leggja, setja, (eggs) verpa
laziness leti f.
lazy latur
lead blý n.
lead v. leiða
leader leiðtogi m., (in newspaper) forustugrein f.
leaf (pl. leaves) blað n.
league samband n.
leak leki m.; v. leka
leaky lekur
lean adj. magur
lean v. hallast, (against) halla sér upp að
leap v. stökkva
leap-year hlaupár n.

learn v. læra
learned lærður
lease (contract) leigumáli m.; v. taka eða selja á leigu
least minnstur
(at) least að minnsta kosti
leather leður n.
leave (permission) leyfi n., vi. fara af stað
(take one's) leave v. kveðja
leave behind skilja eftir
lecture fyrirlestur m.
lecturer háskólakennari m.
lee hlé n., skjól n.
left vinstri
left-handed örfhendur
left-luggage office geymsluklefi (fyrir farangur) m.
leg fótleggur m.
leg of mutton kindarlæri n.
legacy dánargjöf f.
legal löglegur, lögmætur
legation sendiráð n.
legible læsilegur
legislation löggjöf f.
legitimate (child) skilgetinn
leisure tómstundir f. pl., næði n.
lemon sítróna f.
lemonade límonaði n., gosdrykkur m.

lend v. lána
length lengd f.
lengthen v. lengja
lenient vægur
less minni
lessen v. minnka
lesson lexía f.
let v. (permit) láta, leyfa, (lease) leigja
(to) let til leigu
let go v. sleppa
lethal banvænn
letter bréf n., (of alphabet) stafur m.
lettuce salat n.
level adj. sléttur, flatur; v. slétta
liar lygari m.
liberal frjálslyndur
liberate v. frelsa
liberty frelsi n.
librarian bókavörður m.
library bókasafn n.
licence leyfi n.
lick v. sleikja
lid lok n.
lie lygi f.; v. (tell a l.) ljúga
lie v. (in bed) liggja
life (pl. **lives**) líf n., ævi f.
life-belt björgunarbelti n.
life-boat björgunarbátur m.
lift lyfta f.; v. lyfta, hefja

light ljós n.; adj. (colour) ljós, (bright) bjartur, (weight) léttur
lighthouse viti m.
lightning elding f.
like adj. líkur; adv. eins og
like v. líka, þykja vænt um
likely líklegur, sennilegur
lily lilja f.
limb limur m.
lime kalk n.
limit takmark n.; v. takmarka
limited company hlutafélag n.
limp v. vera haltur
linen hörléreft n.
liner stórt farþegaskip n.
ling (fish) langa f.
lining fóður n.
linoleum gólfdúkur m.
lion ljón n.
lip vör f.
lipstick varalitur m.
liquid vökvi m.
liquor áfengur drykkur
list listi m., skrá f.
listen v. hlusta (to = á)
listen in hlusta á útvarp
literally bókstaflega
literature bókmenntir f. pl.
litre lítri m., líter m.

little lítill, smár
live v. lifa, (dwell) búa, eiga heima
lively fjörugur
liver lifur f.
living (means of) lífsuppeldi n.
load byrði f.; v. hlaða
loaf (pl., **loaves**) brauð n., (brauð-) hleifur m.
loan lán n.; v. lána
(on) **loan** að láni
loathe v. hafa óbeit á
lock lás m.; v. læsa
lodger leigjandi m.
lodging(s) húsnæði n.
loft þakherbergi n.
logic rökfræði f.
lonely einmana
long langur; adv. (time) lengi
(I) **long for** mig langar í
longitude (hnatt)lengd f.
look (appearance) útlit n., (expression) svipur m.
look v. sjá, líta, horfa (á)
look down on fyrirlíta
look for leita að
look like (rain) líta út fyrir (rigningu)
look well líta vel út
looking-glass spegill m.
loose laus

lord drottinn m., (title) lávarður m.
lorry vörubíll m.
lose v. missa, týna, tapa
loss tap n., missir m.
lot hlutur m., (a lot) mikið (af einhverju), (the lot) allt
lottery happdrætti n.
loud hár (um hljóð)
loudly hátt
loudspeaker hátalari m.
love ást f.; v. elska
lovely fallegur, indæll
love story ástarsaga f.
low lágur
lowland láglendi n.
lubricate v. smyrja
luck heppni f.
lucky heppinn
luggage farangur m.
lump sugar molasykur m., n.
lunatic geðveikur maður
lunatic asylum geðveikrahæli n.
lunch hádegisverður m.
lung lunga n.
lustre ljómi m.
luxury óhóf n., munaður m.

M

macadamize v. malbika
machine vél f.
machinery vélar f. pl.
mack(intosh) regnkápa f.
mad vitlaus, brjálaður
madam frú f.
madness æði n.
magazine (paper) tímarit n.
magic galdur m.
magistrate yfirvald n.
magnet seguljárn n.
magnify v. stækka
maid vinnustúlka f.
maiden ung stúlka f.
mail póstur m.; v. setja í póstinn
main adj. aðal- (as prefix)
mainly einkum, aðallega
mainland meginland n.
maintain v. (keep up) halda við, (declare) halda fram
maintenance viðhald n., (of person) uppeldi n.
major (key in music) dúr m.; adj. meiri
majority meiri hlutinn
make gerð f.; v. gera, búa til, smíða
make fun of gera gys að

make haste flýta sér
make light of gera lítið úr
make a spech halda ræðu
maker skapari m., framleiðandi m.
male karlmaður m.; adj. karl- (as prefix)
malice illgirni f.
mamma mamma f.
mammal spendýr n.
man (pl. men) maður m.
mane fax n.
manage v. (direct) stjórna, (bring about) koma einhverju við
manager forstöðumaður m., forstjóri m.
manfully karlmannlega
(reach) manhood komast á fullorðinsaldur
manicure handsnyrting f.
manifest v. sýna
manifold margfaldur
mankind mannkyn n., menn m. pl.
manliness karlmennska f.,
manly karlmannlegur
manner háttur m., aðferð f.
manners mannasiðir m. pl.
manufacture iðnaður m., (process) framleiðsla f.; v. framleiða
manure áburður m.
manuscript handrit n.

many adj. margir
map landkort n.
marble marmari m.
margarine smjörlíki n.
mark mark n., merki n.; v. merkja
market markaður m.
marriage (wedding) gifting f., brúðkaup n., (state) hjónaband n.
married giftur
marry v. (of pair) giftast, gifta sig, (of father) gifta einhverjum (dóttur sína), (of priest) gifta
marmelade marmelaði n.
marsh mýri f.
marvellous furðulegur
mask gríma f.
mason múrari m.
massage nudd n.; v. nudda (til lækninga)
mast siglutré n.
master (of house) húsbóndi m., (school) kennari m., (of ship) skipstjóri m., (expert) snillingur m., meistari m.
mat motta f.
match (equal) jafningi m., (game) kappleikur m., (for lighting) eldspýta f.
match-box eldspýtustokkur m.

mate félagi m., (on ship) stýrimaður m.
mate (in chess) mát n.; v. máta
material efni n.
mathematics stærðfræði f.
matrimony hjónaband n.
matter málefni n.; **what's the m.** hvað er að; **it doesn't m.** það gerir ekkert til
maximum hámark n.
(**I**) **may** v. ég má, ég get
mayor borgarstjóri m.
meadow engi n.
meal máltíð f.
mean (despicable) auðvirðilegur, (stingy) nízkur, (average) meðal- (as prefix)
mean v. meina, þýða, (intend) ætla
meaning meining f., þýðing f.
means efni n., ráð n.
(**in the**) **meantime** á meðan
meanwhile á meðan
measles mislingar m. pl.
measure mál n.; v. mæla
meat kjöt n.
mechanic vélfræðingur m.
medical inspection lækniskoðun f.
medicine meðal n., lyf n., (study) læknisfræði f.
medium-sized meðalstór

meet v. hitta, mæta
meeting fundur m.
meeting-place samkomustaður m.
melancholy þunglyndi n.
melody sönglag n.
melt vt. bræða, vi. bráðna
member meðlimur m.
memorable minnisverður
memory minni n.
(in) memory of til minningar um
mend vt. bæta, gera við; vi. (recover) batna
mental andlegur
mention v. geta um, minnast á
menu matseðill m.
merchant kaupmaður m.
merchantman kaupskip n.
merciful miskunnsamur
merciless miskunnarlaus
mercy miskunn f.
merry kátur
Merry Christmas gleðileg jól
message skilaboð n.
metal málmur m.
meter mælir m.
method háttur m., aðferð f.
metre metri m.
microscope smásjá f.
midday hádegi n.

middle miðja f.
midnight miðnætti n.
midsummer miðsumar n.
Midsummer Day Jónsmessa
midwinter miður vetur, hávetur m.
mild mildur
mile míla (1609 m.) f.
milk mjólk f.; v. mjólka
mimic v. herma eftir
millionaire milljónamæringur m.
minced meat saxað kjöt
mind hugur m., skap n.; **change one's m.** skipta um skoðun; **have a m. to** hafa löngun til; **make up one's m.** ákveða sig
mind v. (care for) hirða um, passa
mine prn. minn, (mín, mitt)
mine (for coal) náma f.
minister (religion) prestur m., (government) ráðherra m.
minor adj. minni, minni háttar; (under age) ófullveðja
minor (key in music) moll m.
minute mínúta f.
mirror spegill m.
misbehave v. haga sér illa
mischievous (of child) hrekkjóttur
miscarry v. misheppnast
miser nirfill m.

miserable aumur, dapur
misfortune ógæfa f.
misleading villandi
mismanagement óstjórn f.
misprint prentvilla f.
miss ungfrú f.
miss v. (feel lack of) sakna, (bus) missa af
mission sendiför f.
mist þoka f., mistur n.
mistake villa f.; v. fara villt um, villast
mistress (of house) húsmóðir f., (school) kennslukona f., (lover) lagskona f.
mistrust v. vantreysta
misunderstand misskilja
misunderstanding v. misskilningur m.
misuse v. misbrúka, fara illa með
mix v. blanda
mob skríll m.
mock spott n.; v. spotta, hæða
mockery háð n., spot n.
model fyrirmynd f.
moderate hófsamur
modern nútíma-, nýtízku- (as prefixes)
modest hæverskur
moist rakur
molest v. áreita

moment augnablik n.
monastery klaustur n.
money peningar m. pl.
money-order póstávísun f.
monk munkur m.
monkey api m.
monopoly einkasala f.
month mánuður m.
monthly mánaðarrit n.; adv. mánaðarlega
monument myndastytta f., minnisvarði m.
mood skap n.
moon tungl n.
moor heiði f.
moor v. festa (skipi við land)
moral siðferðilegur
more adj. meiri
moreover ennfremur
morning morgunn m.; **this m.** í morgun; **tomorrow m.** í fyrramálið; **in the m-s.** á morgnana
mortal dauðlegur, (wound) banvænn
mortgage veð n., veðréttur m.
most mestur, flestir
mostly að mestu leyti
mother móðir f.
motion hreyfing f., (proposal) tillaga f.
motor mótor m., vél f.

motor-bicycle mótorhjól n.
motorboat mótorbátur m.
motor car = car
mountain fjall n.
mountainous fjöllóttur
mourn v. syrgja
mouse (pl. **mice**) mús f.
moustache yfir(varar)skegg n.
mouth munnur m., (of river) mynni n.
move v. hreyfa, (house) flytja
movement hreyfing f.
Mr. herra
Mrs. frú
much mikill
mud leðja f., for f.
muddy forugur
multiply v. margfalda
municipal bæjar- (as prefix)
munitions hergögn n. pl.
murder morð n.; v. fremja morð, myrða
murderer morðingi m.
muscle vöðvi m.
museum safn n.
music söngur m., tónlist f., hljómlist f.
(I) must (ég) verð að, má til
mustard sinnep n.
mute mállaus
mutiny uppreisn f.
mutton kindakjöt n.

my adj. minn, (mín, mitt)
myself ég sjálfur
mysterious dularfullur
mystery leyndardómur m.

N

nail nagli m., (finger-) nögl f.
naive barnalegur
naked nakinn, ber
name nafn n.; v. kalla, nefna
napkin servietta f., (baby) bleyja f.
narrative frásögn f.
narrow þröngur
nasty viðbjóðslegur
nation þjóð f.
national þjóðlegur
national anthem þjóðsöngur m.
nationality þjóðerni n.
native innfæddur
native country föðurland n.
natural náttúrlegur, eðlilegur
naturally, náttúrlega, eðlilega
nature eðli n., náttúra f.
naughty óþekkur
navigable skipgengur
navigation siglingar f. pl.
navy floti m.

near nálægur, (mean) nízkur
near-sighted nærsýnn
neat hreinlegur, snotur, (of liquor) óblandaður
necessary nauðsynlegur
neck háls m.
need þörf f.; v. þurfa
needle nál f.
neglect vanræksla f.; v. vanrækja
negotiate v. semja
negotiation samningur m.
negro svertingi m.
neighbour nábúi m., nágranni m.
neighbourhood nágrenni n.
neither hvorugur
neither . . .nor hvorki . . . né
nephew bróðursonur m., systursonur m.
nerve taug f.' (cheek) ósvífni f.
nervous hræddur, smeykur, tauga-(as prefix)
nervous breakdown taugaáfall n.
nest hreiður n.
net net n.
neutral hlutlaus
neutrality hlutleysi n.
never aldrei
neverthless engu að síður
new nýr
new-born nýfæddur

news fréttir f. pl.
newspaper blað n., dagblað n.
New-year nýár n.
next næstur
nice huggulegur, skemmtilegur, viðkunnanlegur
nice-looking snotur
niece bróðurdóttir f., systurdóttir f.
night nótt f., kvöld n.; **to-night** í kvöld; **last n.** í gærkvöldi; **at n.** á nóttunni
nightdress, nightgown náttkjóll m.
nightly á hverju kvöldi
nipple brjóstvarta f.
no nei
no one enginn
noble göfugur, ágætur
nobleman aðalsmaður m.
nobody enginn
nod v. kinka kolli
noise hljóð n., (loud) hávaði m.
noisy hávær
none enginn, (engin, ekkert)
nonsense vitleysa f.
noon hádegi n.
nor see **neither**
normal venjulegur
north norður, **n.-east** norðaustur, **n.-west** norðvestur

northern lights norðurljós n. pl.
Norwegian adj. norskur
nose nef n.
nostril nös f.
not ekki, eigi; **n. at all** alls ekki
note athugasemd f.; v. taka eftir
notebok minnisbók f., vasabók f.
note-paper bréfapappír m., skrifpappír m.
nothing ekkert; **n. else** ekkert annað
notice gaumur m., (advertisement) tilkynning f., auglýsing f.; v. taka eftir
notion hugmynd f.,
notwithstanding þrátt fyrir
nourish v. næra, fæða
novel skáldsaga f.; adj. nýr
novelist skáldsagnahöfundur m.
now nú, núna
now and then við og við
nowadays nú á dögum
nowhere hvergi; **n. else** hvergi annars staðar
nude ber, nakinn
nuisance óþægindi n. pl.
numb stirður, dofinn
number tala f., númer n.
numerous margir
nurse hjúkrunarkona f.; v. hjúkra
nursery barnaherbergi n.

nursery rhyme barnavísa f.
nut hnot f., (metal) holskrúfa f.
nylon stockings nælonsokkar m. pl.

O

oak eik f.
oar ár f.
oatmeal haframjöl n.
oats hafrar m. pl.
oath eiður m., (swear word) blótsyrði n.
obedience hlýðni f.
obedient hlýðinn
obey v. hlýða
obituary notice minningarorð n.
object to hafa eða vera á móti
objection mótbára f., mótmæli n. pl.
obliged neyddur, skuldbundin; **much o.** mjög þakklátur
obscure óljós
observe v. taka eftir, athuga
obsolete úreltur
obstacle hindrun f.
obstinate þrár
obtain v. fá, ná í
obtainable fáanlegur
obvious auðsær
obviously bersýnilega

occasion tækifæri n.; **on this o.** í þetta sinn
occasionally stundum, öðru hvoru
occupation atvinna f., starf n., (possession) eignarhald n., (military) hernám n.
occupy v. setjast að í, (milit.) hernema, (oneself with) starfa við
occur v. koma fyrir
occurrence viðburður m.
ocean haf n.
o'clock klukkan (eitt, tvö etc.)
oculist augnlæknir m.
odd ójafn, (peculiar) skrítinn
oddly undarlega
odious andstyggilegur
odour ilmur m., lykt f.
of af, frá eftir, úr
of age, 3 years of a. þriggja ára gamall
of course auðvitað
of value (great, little) mikils, lítils virði
off burt, af frá
offence móðgun f., (crime) afbrot n.
offend v. móðga
offensive móðgandi
offensive (military) sókn f.
offer tilboð n.; v. bjóða

office (job) embætti n., (place) skrifstofa f.
officer (military) liðsforingi m., (police) lögregluþjónn m.
official embættismaður m., adj. opinberlegur
often oft
oil olía f.; v. smyrja
ointment smyrsl(i) n.
omission úrfelling f., vanræksla f.
omit v. fella úr, sleppa
on á, við, um
on board um borð
on purpose af ásettu ráði
on the average að meðaltali
on the whole yfirleitt, að öllu samtöldu
once einu sinni
one einn, nokkur, maður
onion laukur m.
onlooker áhorfandi m.
only aðeins, einka-(as prefix)
open vt. opna, vi. opnast; adj. opinn
opera söngleikur m., ópera f.
operate (medical) v. skera upp
operation (medical) uppskurður m.
opinion skoðun f.
opponent mótstöðumaður m.
opportunity tækifæri n.
oppose v. vera eða mæla á móti

opposed to mótfallinn
opposite adj. gagnstæður: prp. andspænis
oppress v. bæla niður, kúga
option val n.
optional eftir vild
or eða
oral munnlegur
orange appelsína f.
orchard aldingarður m.
orchestra hljómsveit f.
order skipun f., (goods) pöntun f.; v. skipa, panta
ordinarily venjulega
ordinary venjulegur
organ (anatomy) líffæri n., (music) orgel n., (of opinion) málgagn n.
organize v. skipuleggja
Orient austurlönd n. pl.
origin uppruni m.
original upprunalegur
originality frumleiki n.
ornament skraut n.; v. skreyta
orphan munaðarleysingi m.
other annar
(the) other day (hérna) um daginn
(every) other day annanhvern dag
(on the) other hand á hinn bóginn, aftur á móti

otherwise annars, (differently) öðru vísi
(I) ought to (ég) ætti að
ounce eyrir m., 1/16 af ensku pundi
our okkar, vor
ours okkar, vor
out út, úti, (not at home) að heiman
out-of-date úreltur
out-of-hand tafarlaust
out-of-order í ólagi
out-of-the way (place) afskekktur
out-of-work atvinnulaus
outer ytri
outgrow v. vaxa upp úr
outlook útlit n.
outside adv. & prp. fyrir utan; adv. úti
outward ytri
oven ofn m.
over yfir, um
overall sloppur m.
overalls vinnuföt n. pl.
overcast skýjaður
overcoat yfirfrakki m.
overcome v. sigra
overrate v. meta of hátt
oversleep v. sofa yfir sig
overtake v. fara (eða keyra) fram hjá
overtime eftirvinna f.
overthrow v. kollvarpa.

owe v. skulda
own v. eiga; adj. eigin
own up v. játa
owner eigandi m.
ox (pl. **oxen**) uxi m., naut n.
oxygen súrefni n.
oyster ostra f.

P

pace skref n.
package böggull m.
packet pakki m.
pact samningur m.
pagan heiðingi m.
page (of book) blaðsíða f.
pail fata f., skjóla f.
pain verkur m., kvöl f.
paint litur m., málning f.; v. mála
painter málari m.
painting málun f., (picture) málverk n.
pair par n.
pair of scissors skæri n. pl.
pair of stockings (einir) sokkar
palace höll f.
pale fölur
palm (of hand) lófi m., (tree) pálmi m.
pamphlet bæklingur m.

pan panna f.
pane gluggarúða f., glerrúða f.
panic (snöggur) ótti m.
panic-stricken óttasleginn
pantry matbúr n.
pants buxur f. pl.
paper pappír m., (news-) dagblað n.
parachute fallhlíf f.
paraffin parafínolía f.
paragraph grein (í riti) f.
paralysis lömun f.
parcel böggull m.
pardon fyrirgefning f., (legal) náðun f.; v. fyrirgefa, náða
parent foreldri m.
parish hreppur m.
park skemmtigarður m.
parliament þing n.; (Icelandic) Alþing n.
parlour setustofa f.
parody skopstæling f.
parson prestur m.
part partur m., hluti m.; v. skilja
particular sérstakur
particularly sérstaklega
parting skilnaður m.
partly að nokkru leyti
party (political) flokkur m., (entertainment) samkvæmi n.

pass (mountain) fjallskarð n.; vt. fara fram hjá, (examination) standast (próf); vi. líða
passage yfirferð f., (in house) göng n. pl.
passenger farþegi m.
passion ástríða f., (anger) gremja f.
passport vegabréf n.
past liðinn
paste klístur n.; v. klístra, líma
pasteurize v. gerilsneyða
patch bót (á fat) f.; v. bæta
path stígur m.
patience þolinmæði f.
patient sjúklingur m.; adj. þolinmóður
patriotism föðurlandsást f.
pattern fyrirmynd f.
pauper sveitarlimur m.
pause bið f., hlé n.; v. hætta í bili
pave v. steinleggja
pavement gangstétt f.
pay v. borga, gjalda, greiða
payment borgun f.
pea matbaun f.
peace friður m.
peaceful friðsamur
pear pera f.
pearl perla f.

peasant sveitamaður m., smábóndi m.
peat mór m.
peculiar einkennilegur
pedestrian fótgangandi maður
peg snagi m., (clothes-) þvottaklemma f.
pen penni m.
penalty hegning f.
pencil blýantur m.
peninsula skagi m., nes n.
penniless félaus
penny (pl. **pennies** & **pence**) peningur m.
pension eftirlaun n. pl.
people fólk n.
pepper pipar m.
perceive v. sjá, (understand) skilja
perfect fullkominn; v. fullkomna
perfectly fullkomlega, algjörlega
perform v. framkvæma
perfume ilmur m., (liquid) ilmvatn n.
perhaps ef til vill
peril hætta f.
period tímabil n.
perish vi. farast, glatast
peritonitis lífhimnubólga f.
perjury meinsæri n.
permanent stöðugur, fastur
permission leyfi n.

permit leyfi n.; v. leyfa
persist in v. halda áfram með; halda fast við, standa fast á
person persóna f.
perspire v. svitna
persuade v. telja trú um, sannfæra, fá til að (gera eitthvað)
petrol benzín n.
pharmacist lyfjafræðingur m.
phenomenon fyrirbrigði n.
philosopher heimspekingur m.
philosophy heimspeki f.
photo(graph) ljósmynd f.
photographer ljósmyndari m.
physical líkamlegur
physics eðlisfræði f.
piano píanó n., slagharpa f.
pick v. (berries) tína, (choose) velja úr
pick-pocket vasaþjófur m.
picture mynd f., (painting) málverk n.
pictures bíó n.
picture postcard póstkort (með mynd)
piece hluti m., stykki n.
pier bryggja f.
pig svín n.
pigeon dúfa f.
pile hrúga f.; v. hrúga
pill pilla f.
pillar box póstkassi m.

pillow koddi m.
pillow-case koddaver n.
pilot (sea) hafnsögumaður m., (air) flugmaður m.
pin títuprjónn m.
pinafore svunta f.
pink nellika f.; adj. ljósrauður
pint hálfpottur (rúmlega ½ lítri)
pipe pípa f.
pirate sjóræningi m.
pistol skammbyssa f.
pit gröf f., (mine) náma f.
pitch bik n.
pity meðaumkun f.; v. vorkenna
place staður m., (job) staða f.; v. leggja, setja
plain slétta f., sléttlendi n.; adj. (clear) skýr, (colour) einlitur, (looks) ólaglegur
plainly greinilega, skýrt
plan áform n., (drawing) uppdráttur m.; v. áforma
plane hefill m.; v. hefla
plank planki m.
plant planta f.; v. planta
plate diskur m.
platform pallur m.
play leikur m., (theatre) leikrit n.; v. leika

pleasant skemmtilegur
please v. I am pleased with it mér líkar það, will you please pass it to me viltu gera svo vel að rétta mér það
pleasure ánægja f., skemmtun f.
plenty gnótt f.; adj. nógur
pleurisy brjósthimnubólga f.
pliable, pliant beygjanlegur
pliers töng f.
plot (of land) blettur m., (conspiracy) samsæri n.
plough plógur m.; v. plægja
pluck v. (a bird) reyta, plokka
plum plóma f.
plumber pípulagningarmaður m.
plump þriflegur, holdugur
plunder ránsfé n.; v. ræna
plunge in stinga sér í
pneumonia lungnabólga f.
pocket vasi m.
pocket book vasabók f.
pocket edition vasaútgáfa f.
pocket handkerchief vasaklútur m.
pocket money vasapeningar m. pl.
poem kvæði n., ljóð n.
poet skáld n.
poetry skáldskapur m.
point oddur m.; v. benda (at = á)
poison eitur n.; v. eitra

poisonous eitraður
pole stöng f.; **north p.** norðurheimskaut n.
police lögregla f.
policeman lögregluþjónn m.
police station lögreglustöð f.
policy (stjórnar)stefna f.
polish bón n.; v. bóna
polite kurteis, hæverskur
politely kurteislega
politeness hæverska f., kurteisi f.
politics stjórnmál n. pl.
pond smátjörn f.
ponder on v. hugleiða
pony smáhestur m.
pool pollur m.
poor fátækur, (inferior) lélegur
pope páfi m.
popular vinsæll
popularity vinsældir f. pl.
population íbúar m. pl., (number) fólksfjöldi m.
populous fjölbyggður
porch fordyri n.
pork svínakjöt n.
porridge hafragrautur m.
port höfn f., (town) hafnarborg f., (side of ship) bakborði m. (wine) portvín n.

porter (hotel) dyravörður m., (**railway**) burðarmaður m.
portion hluti m.
portrait andlitsmynd f.
position staða f., (**state of affairs**) ástand n.
possess v. eiga
possession eign f.
possible mögulegur
possibility möguleiki m.
post (mail) póstur m., (job) staða f., (pillar) stólpi m.; v. **setja í póstinn**
postage póstgjald n.
postcard bréfspjald n.
postman póstur m.
post office pósthús n.
post-mortem líkskoðun f.
postscript eftirskrift f.
pot kanna f., pottur m.
potato kartafla f.
poultry hænsni n. pl.
pound pund n.
pour v. hella; **it's pouring down** það er húðarrigning
poverty fátækt f.
powder duft n., púður n.; v. púðra
power máttur m., (force) afl. n., (authority) vald n.
power-station rafmagnsstöð f.

powerful sterkur
practicable framkvæmanlegur
practically (nearly) næstum því
practice æfing f., (custom) vani m.
practise v. æfa (sig)
praise lof n.; v. lofa, hrósa
praiseworthy lofsverður
pram barnavagn m.
pray v. biðja
prayer bæn f.
preach v. prédika
precaution varúð f., gætni f.
precede v. ganga fyrir, ganga á undan
precedent fordæmi n.
preceding undanfarandi
precious dýrmætur
precise nákvæmur
preface formáli m.
prefer v. vilja heldur
preferable æskilegri
prefix forskeyti n.
pregnant vanfær
preparation undirbúningur m.
prepare v. undirbúa, búa til
prescription (medical) lyfseðill m.
presence návist f.
present (gift) gjöf f.; v. gefa
present adj. viðstaddur
present-day nútíma-(as prefix)

preserve v. geyma, varðveita
president forseti m., formaður m.
press pressa f., (newspapers) blöð n. pl.; v. pressa, þrýsta á
pressure þrýsting f.
pressure gauge þrýstimælir m.
prestige álit n.
presume v. gera ráð fyrir, (dare) dirfast
pretend v. þykjast, látast
pretty laglegur
prevail v. verða yfirsterkari
prevalent algengur
prevent v. hindra, koma í veg fyrir
prevention hindrun f.
previous fyrri, undanfarandi
previous to áður en
price verð n.
(at any) price hvað sem það kostar
prick v. stinga
pride dramb n.
priest prestur m.
primary adj. fyrstur
prime minister forsætisráðherra m.
primitive frumstæður
prince prins m., kóngssonur m.
princess prinsessa f., kóngsdóttir f.
principal helztur, aðal- (as prefix)
print prent n.; v. prenta

printer prentari m.
printing prentun f.
priority forgangsréttur m.
prison fangelsi n.
prisoner fangi m.
private einka- (as prefix)
privately, in private í einrúmi
prize verðlaun n. pl.
probability líkindi n. pl.
probable líklegur
problem vandamál n.
procedure aðferð f.
proceed v. halda áfram
procession skrúðganga f.
produce afurðir f. pl.; v. framleiða
product(s) framleiðsla f., afurðir f. pl.
production framleiðsla f.
profession embætti n., atvinna f.
professional adj. atvinnu- (as prefix)
professor prófessor m.
profile hliðarmynd f.
profit gróði m., (benefit) ágóði m.; v. græða
programme (theatre) leikskrá f.
progress framför f., framfarir f. pl.; v. taka framförum
prohibit v. banna
prolong v. framlengja
promise loforð n.; v. lofa

promote v. (further) efla, styðja
prompt skjótur, fljótur
promptly tafarlaust
pronounce v. bera fram
pronunciation framburður m.
proof sönnun f.
propaganda áróður m., útbreiðslustarfsemi f.
proposal uppástunga f., (marriage) bónorð n.
propose v. stinga upp á
prose óbundið mál
prosecute v. lögsækja
prosody bragfræði f.
prospect útlit n.
prosperity velmegun f.
prostitute vændiskona f., mella f.
protect v. vernda
protection vernd f.
protest mótmæli n. pl.; v. mótmæla
proud drambsamur
prove vt. sanna, vi. reynast
proverb málsháttur m.
provide v. útvega, **p. for** sjá fyrir
provision útvegun f., ráðstöfun f., (of law) ákvæði n.
provisions (food) vistir f. pl.
provoke (arouse) v. vekja
prudent hygginn

prune sveskja f.
public almenningur m.; adj. opinber
(in) **public** á almannafæri
publicly opinberlega
publish v. birta, (book) gefa út
publisher útgefandi m.
pudding búðingur m.
puddle forarpollur m.
pull dráttur m; v. draga, toga
pulpit prédikunarstóll m.
pulse slagæð f.
pump dæla f.; v. dæla
punch v. slá, berja
punctual stundvís
punish v. refsa, hegna
punishment refsing f., hegning f.
puppy hvolpur m.
puppet leikbrúða f.
purchase innkaup n.; v. kaupa
pure hreinn, óblandaður, ekta- (as prefix)
purify v. hreinsa
purple adj. blárauður
purpose tilgangur m., ætlun f.
purse budda f.
pursue v. elta, (cultivate) stunda
pursuit eftirför f.
pursuits störf n. pl.
push hrinding f., ýting f.; v. ýta, hrinda

put v. setja, leggja, láta
put off v. fresta
put the light on kveikja (ljós)
put the light off slökkva
put right leiðrétta, gera við
put the clock on flýta klukkunni
put the clock back seinka klukkunni
put to flight reka á flótta
put someone up hýsa einhvern
putty kítti n.
put up with sætta sig við
puzzle ráðgáta f., (game) dægradvöl f.
puzzling óskiljanlegur
pyjamas náttföt n. pl.

Q

quadruple ferfaldur
qualification skilyrði n., hæfileiki m., (modifying) takmörkun f.
qualify v. fá full réttindi, (modify) draga úr
quality gæði n. pl.; **qualities** kostir m. pl.
quantity magn n., gnótt f.
quarantine sóttkví f.
quarrel þræta f.; v. deila, rífast
quarrelsome deilugjarn

quart (rúmlega) lítri
quarter fjórði hluti m., (on clock) kortér n., (district) hverfi n.
quay hafnarbakki m.
queen drottning f.
queer skrítinn, undarlegur
query spurning f.
question spurning f., (doubt) efi m.; v. spyrja
questionable vafasamur
quick fljótur
quickly fljótt
quicksand sandbleyta f.
quiet kyrrð f., ró f.; adj. kyrr, rólegur, (silent) þögull; v. sefa, stilla
quilt rúmábreiða (stungin og troðin) f.
quietly hljóðlaust
quite alveg
quiver v. skjálfa, titra
quotation tilvitnun f., (price) verðtilboð n.
quotation marks gæsalappir f. pl.
quote v. vitna (í bók)

R

rabbit kanína f.
race kapphlaup n., (horse-) kappreið f., (of men) kynflokkur m.; v. keppa
race-course skeiðvöllur m.
race-horse kappreiðarhestur m.
radiant ljómandi, skínandi
radiator (for heating) ofn m., (car) kælir m., vatnskassi m.
radicalism róttæka stefnan
radically algjörlega, á róttækan hátt
radio-telephone þráðlaus talsími m.
radio útvarp n., (set) útvarpstæki n.
radius geisli (í hring) m.
raft fleki m.
rafter sperra f.
rag tuska f., drusla f.
rage æði n., reiði f.
ragged tötralegur
raid árás f.
rail (on railway) járnbrautarteinn m., (hand-) handrið n.; v. **go by r.** ferðast með járnbraut
railing grindagirðing f.
railway járnbraut f.
rain rigning f.; v. rigna
rainbow regnbogi m.
rainfall úrkoma f.

rainproof regnheldur
rainy regnsamur
raise v. reisa, lyfta, hefja
raise one's hat taka ofan
raisin rúsína f.
rake hrífa f.; v. raka
ram hrútur m.
rancid þrár, súr
(at) random út í bláinn
rank röð f., stétt f.
ransom lausnargjald n.
rape nauðgun f.; v. nauðga
rapid fljótur, skjótur
rare sjaldgæfur
rarely sjaldan
rascal fantur m.
rash hvatvís
rat rotta f.
rate (speed) hraði m., (measure) mælikvarði m., (proportion) hlutfall n., (price) taxti m.
rates bæjarskattur m.
rather heldur
ration (mata)skammtur m.; v. skammta
rational skynsamur, skynsamlegur
rave v. tala óráð
raven hrafn m.
ravine gil n.

ravishing hrífandi
raw hrár
raw materials hráefni n.
ray geisli m.
razor rakhnífur m., (safety) rakvél f.
razor blade rakblað n.
reach v. ná í, (a place) komast til, (hand) rétta
read v. lesa
reader lesandi m., (book) kennslubók f.
readily fúslega
reading lestur m., (of a bill) umræða (í þingi) f.
reading room lestrarsalur m.
readiness fúsleiki m.
ready tilbúinn, reiðubúinn
ready-made tilbúinn
real raunverulegur, (genuine) ekta
reality (raun-)veruleiki m.
realize v. gera sér grein fyrir, skilja, (an ambition) gera að raunveruleika
realm konungsríki n.
reap v. skera upp (korn)
reappear v. koma aftur í ljós
rear afturhluti m.; v. ala upp
rear light afturljós n.
reason skynsemi f., (cause) ástæða f.; v. hugsa
reasonable skynsamur, (fair) sanngjarn

reassemble vt. setja saman aftur; vi. safnast saman aftur
reassure v. fullvissa (aftur)
rebate afsláttur m.
rebel uppreisnarmaður m.; v. gera uppreisn
rebellion uppreisn f.
rebuke ávítun f.; v. ávíta
recall v. endurkalla, (to mind) minnast
recapture v. taka aftur
recede v. hörfa undan
receipt móttaka f., (paper) kvittun f., (medical) lyfseðill m.; v. kvitta fyrir
receive v. taka á móti, fá
recent nýlegur, nýr
recently nýlega
receptacle ílát n.
reception móttaka f.
recipe (cookery) uppskrift f.
recipient móttakandi m.
reciprocal gagnkvæmur
recital (orchestra) hljómleikar m. pl.
recite v. lesa upp
reckless hirðulaus, kærulaus
reckon v. reikna, telja
reclaim v. endurheimta
recognition viðurkenning f.
recognize v. viðurkenna, (person) þekkja aftur

recollect v. muna eftir
recommend v. mæla með, ráðleggja
recommendation meðmæling f.
recompense laun n. pl., endurgjald n.; v. launa, endurgjalda
reconcile v. sætta
reconciliation sætt f., sátt f.
reconnaissance njósnarferð f. könnunarferð f.
reconnoitre v. skoða, kanna, njósna
reconsider v. íhuga aftur eða betur
record skrá f., skýrsla f., (sport) met n., (gramophone) hljómplata f.; v. skrásetja
recover v. ná aftur, (health) batna, ná sér (aftur)
recreation hressing f., skemmtun f.
rectangle rétthyrningur m.,
rectangular rétthyrndur
rectify v. leiðrétta, lagfæra
rector sóknarprestur m.
rectory prestssetur n.
recuperate v. ná sér aftur
recur v. endurtaka sig
red rauður
red tape skriffinska f.
redeem v. kaupa út aftur, leysa út
redouble v. tvöfalda
redress v. bæta úr, ráða bætur á

reduce v. draga úr, minnka
reduction niðurfærsla f., (in price) lækkun f., afsláttur m.
redundant ónauðsynlegur, of gnógur
reel spóla f., (cotton) tvinnakefli n., dans m.; v. vinda upp, (stagger) skjögra
refectory matstofa f.
refer v. vísa til
referee dómari (í leik) m.
reference tilvísun f.
refine v. hreinsa
reflect v. endurspegla, (think) hugsa **on** = **um**
reflection endurspeglun f., íhugun f.
reform umbót f., endurbót f.; v. bæta, endurbæta
reformation umbót f., siðbót f.
Reformation siðaskipti n. pl.
refrain (in verse) viðkvæði n., stef n.
refrain v. stilla sig um
refresh v. hressa, endurnýja
refreshing hressandi
refreshment hressing f.
refrigerator kæliskápur m.
refuge athvarf n., (place) hæli n.
refugee landflóttamaður m.
refund endurgreiðsla f.; v. endurgreiða
refusal neitun f., synjun f.

refuse v. neita, synja
refuse (waste) úrgangur m.
refute v. hrekja
regain v. ná aftur
regard (look) augnaráð n., (attention) gaumur m., tillit n.; v. skoða
(in) **regard to** með tilliti til
regards kveðja f.
regarding prp. viðvíkjandi
regatta kappsigling f.
regent ríkisstjóri m.
region hérað n., landshluti m.
register skrá f., listi m.
registered letter ábyrgðarbréf n.
registration skráning f.
regret eftirsjá f., harmur m.; v. iðrast, sjá eftir
regular reglulegur
regularly stöðugt
regulate v. skipuleggja, (clock) stilla
regulation regla f., skipulagning f.
regulations reglugerð f.
rehearsal (leik)æfing f.
reign stjórnarár n. pl.; v. stjórna
rein taumur m.
reindeer (pl. **reindeer**) hreindýr n.
reinforce v. styrkja
reiterate v. endurtaka
reject v. hafna, neita

rejoice v. fagna, gleðjast (**at** = yfir)
rejoinder svar n.
relate v. segja frá
related skyldur
relation (telling) frásaga f., (contact) samband n., (kin) ættingi m., frændi m.
relations frændfólk n. ættingjar m. pl.
relationship (kin) skyldleiki m., (contact) samband n.
relative ættingi m., frændi m.
relatively tiltölulega
relax v. hvíla sig
relaxation hvíld f.
relay v. (wireless) endurvarpa
release v. láta lausan
relevant viðkomandi
reliable áreiðanlegur
relief léttir m., (comfort) huggun f.
relieve v. létta, hugga
religion trú f., trúarbrögð n. pl.
religious trúrækinn
relinquish v. yfirgefa
reluctance tregða f.
reluctant ófús, tregur
rely on v. reiða sig á
remain v. vera kyr, **r. behind** vera eftir
remainder afgangur m., (remains) leifar f. pl.

remark athugasemd f.; v. segja
remedy bót f., (cure) lækning f., (drug) lyf n.; v. ráða bót á
remember v. muna, muna eftir
remembrance minni n.
(in) remembrance of til minningar um
remind v. minna (**of** = **á**)
reminder áminning f.
reminiscences endurminningar f. pl.
remittance peningasendingar (til greiðslu) f.
remorse samvizkubit n.
remote fjarlægur, (lonely) afskekktur
removal brottflutningur m.
remove v. flytja burtu
renaissance endurfæðing f.
render (help) veita hjálp
rendezvous stefnumót n.
renew v. endurnýja
renewal endurnýjun f.
renounce v. hafna, afsala sér
renown frægð f.
rent leiga f., húsaleiga f.; taka á leigu, leigja
repair viðgerð f.; v. gera við
repay v. endurgreiða, (reward) launa
repayment endurgreiðsla f.
repeal v. afnema
repeat v. endurtaka

repeatedly oft, hvað eftir annað
repent v. iðrast
repentance iðrun f.
repetition endurtekning f.
report skýrsla f., (noise) hvellur m.; v. segja frá
reporter fréttaritari m.
repose hvíld f.
represent v. vera í staðinn fyrir, fara með umboð annars manns, (describe) lýsa, eiga að þýða
representation sýning f., lýsing f.
representative fulltrúi m., umboðsmaður m.
reprieve v. náða
reprimand v. ávíta
reproach v. átelja, álasa
reproachful ásakandi
reproduction eftirlíking f.
reprove see **reprimand**
republic lýðveldi n.
repulse v. hrinda frá sér
repulsive ógeðslegur
reputed talinn, álitinn
request beiðni f.; v. biðja um
require v. (need) þurfa
requisite nauðsynlegur
rescue björgun f.; v. bjarga

research rannsókn f.; v. **r. into** rannsaka
resemblance líking f., (look) svipur m.
resemble v. líkjast
resent v. taka illa, styggjast af
resentment gremja f.
reserve v. taka frá, geyma; **all rights reserved** öll réttindi áskilin
reservoir vatnsgeymir m.
reside v. búa
residence heimili n., bústaður m.
resign v. segja af sér
resist v. veita viðnám, standa á móti
resistance mótstaða f., viðnám n.
resolute einbeittur
resolution (firmness) einbeittni f., (of a committee) ályktun f.
resort úrræði n.
resources forði m.
respect virðing f.; v. virða
(with) **respect to** með tilliti til
respite frestur m.
respond v. svara
response svar n.
responsibility ábyrgð f.
responsible ábyrgur, (position) ábyrgðarmikill
rest hvíld f., ró f., (the rest) afgangur m.; v. hvíla sig

restaurant veitingahús n.
restless hvíldarlaus, á sífelldu iði
restore v. skila aftur
restrict v. takmarka
restriction takmörkun f.
result afleiðing f., árangur m., úrslit n. pl.
result in v. enda á
result from v. stafa af
resume v. byrja aftur
retail smásala f.; v. selja í smásölu
retailer smásali m.
reticence þagmælska f.
retire v. segja af sér (heilsu eða aldurs vegna)
retreat undanhald n.; v. hörfa undan
return afturkoma f.; v. koma aftur, vt. senda aftur
(by) **return** með næsta pósti
reveal v. opinbera, leiða í ljós
revenge hefnd f.; v. hefna
revenue tekjur f. pl.
Reverend séra
reverse fráhverfa f., (opposite) það gagnstæða; adj. öfugur, gagnstæður; v. snúa við
(just the) reverse þvert á móti
revise v. endurskoða
revive vt. lífga; vi. lifna við, lifna aftur

revolt uppreisn f.; v. gera uppreisn
revolting viðbjóðslegur
revolution (turning) snúningur m. (political) bylting f.
revolutionize v. gjörbreyta
revolve v. snúast í hring
reward verðlaun n. pl.
rhubarb rabarbari m.
rib rif n.
ribbon silkiband n., borði m.
rice hrísgrjón n. pl.
rich ríkur, efnaður
(be) **rid of** vera laus við, **get rid of** losna við
riddle gáta f.
ride reið f., (drive) akstur m.; v. ríða, aka
ridiculous hlægilegur
rifle riffill m.
right adj. réttur, (hand) hægri; v. rétta
righteous réttlátur
rights réttindi n. pl.
rigid stirður
rim rönd f.
ring hringur m.
rinse v. skola
riot óspektir f. pl.; v. gera óspektir
ripe þroskaður

ripen vi. þroskast
rise (prices etc.) hækkun f., (sun) uppkoma f.; v. standa upp, rísa upp
risk hætta f.; v. hætta, stofna í hættu
risky hættulegur
rival keppinautur m.; v. keppa við, jafnast á við
river á f., (wide) fljót n.
road vegur m.
roar öskur n.; v. öskra
roast v. steikja
rob v. ræna, stela frá
robbery rán n., þjófnaður m.
rock klettur m., bjarg n., sker n.
rock v. rugga, vagga
rocking-chair ruggustóll m.
rocky klettóttur
rod stafur m., (fishing-) veiðistöng f.
roe hrogn n.
rogue fantur m.
role hlutverk (í leikriti) n.
roll v. velta, rugga
romantic rómantískur
roof þak n.; v. þekja
room herbergi n., stofa f., (space) rúm n.
roomy rúmgóður
root rót f.
rope kaðall m., strengur m.

rose rós f.
rot v. rotna, fúna
rotten úldinn, fúinn
rough ósléttur
round adj. kringlóttur; prp. í kringum, umhverfis
rouse v. vekja
route leið f., vegur m.
row röð f.
row (noise) hávaði m.
row (in boat) róður m.; v. róa
royal konunglegur
rub v. nudda, nugga
rubber gúmmí n., (eraser) strokleður n.
rubbish vitleysa f., (trash) rusl n.
rudder stýri n.
rude dónalegur
rudeness dónaskapur m.
rug gólfábreiða f.
ruin eyðilegging f.; v. eyðileggja
ruins rústir f. pl.
rule regla f., (government) stjórn f., v. stjórna
ruler stjórnari m., (measure) reglustika f.
rum romm n.
rumour orðrómur m.
run hlaup n.; v. hlaupa, renna
run a business reka fyrirtæki

run away strjúka
run down adj. slappur
run out of verða birgðalaus
run over aka yfir
run short of fara að vanta
running hlaup n., kapphlaup n.
runway flugbraut f.
rush troðningur m.; v. þjóta
rust ryð n.; v. ryðga
rusty ryðgaður
rust-proof óryðgandi, ryðtraustur
ruthless miskunnarlaus
rye rúgur m.
rye bread rúgbrauð n.

S

sabotage skemmdarverk n.
sack poki m.; v. reka úr vinnu
sacred heilagur
sacrifice fórn f.; v. fórna
sad hryggur, dapur
saddle hnakkur m.; v. söðla
sadly dapurlega
sadness hryggð f.
safe peningaskápur m.; adj. öruggur
safe and sound heill á húfi
safety öryggi n.

safety razor rakvél f.
saga saga f.
sagacity skarpskyggni f.
sago sagogrjón n. pl.
sail segl n.; v. sigla
sailor sjómaður m.
saint heilagur maður, dýrðlingur m.
sake, for the sake of fyrir sakir, **for my s.** mín vegna
salad salat n.
salary laun n. pl.
sale sala f., (bargain) útsala f.
saliva munnvatn n.
sallow fölur
salmon lax m.
salmon-trout sjóbirtingur m.
salt salt n.; v. salta
salt-cellar saltker n.
salvage björgun f., **s.-money** björgunarlaun n. pl.; v. bjarga
salvation frelsun f.
salvation army hjálpræðisher m.
same samur; **all the s.** samt sem áður
sample sýnishorn n.
sanatorium heilsuhæli n.
sanction v. staðfesta
sand sandur m.
sandal ilskór m.
sandwich smurt brauð

sane heilbrigður (andlega)
sanitary heilbrigðis- (as prefix)
sanitary inspector heilbrigðiseftirlits-maður m.
sanity andleg heilbrigði f.
sarcastic meinyrtur, kaldhæðinn
sardine sardína f.
satchel (skóla)taska f.
satire háð n., ádeilurit n.
satisfaction ánægja f.
satisfactory fullnægjandi
satisfied ánægður
satisfy v. **fullnægja**
sauce sósa f.
saucepan skaftpottur m.
saucer undirskál f.
sausage pylsa f., (smoked) **bjúga n.**
savage villimaður m.; adj. villtur, (fierce) grimmur
save v. **bjarga, (money) spara**
savings-bank sparisjóður m.
savour (taste) **bragð n., (smell) ilm-ur m.**
saw sög f.; v. saga
sawdust sag n.
say v. segja
scaffolding vinnupallur m.
scald v. brenna (á heitu vatni)

scale (music) tónstigi m., (map) mælikvarði m., (fish) hreistur n.
scales (for weighing) vog f.
scandal hneyksli n., (slander) rógur m.
scandalous skammarlegur, til skammar
scar ör n.
scarce sjaldgæfur
scarcely varla, tæplega
scarcity skortur m.
scare v. hræða
scarf (pl. **scarves**) trefill m.
scarlet fever skarlatsótt f.
scatter v. dreifa
scene leiksvið n.; **come on the s.** koma á vettvang
scenery landslag n., (stage) leiktjöld n. pl.
scent ilmvatn n.
scepticism vantrú f.
schedule listi m.; **behind, ahead of s.** eftir, fyrir áætlun
scheme áform n., ráð n.; v. brugga ráð
scholar vísindamaður m., (pupil) lærisveinn m.
scholarly lærður, vísindalegur
school skóli m.
schoolboy skóladrengur m.
schoolmaster (skóla)kennari m.
school-mate skólabróðir m.

school-room skólastofa f.
science(s) vísindi n. pl.
scientific vísindalegur
scissors skæri n. pl.
scold v. skamma
scorch vt. svíða, vi. sviðna
score (cut) skora f., (bill) reikningur m., (20) tuttugu; v. (goal) skora, setja mark
scorn fyrirlitning f.; v. fyrirlíta
Scottish skozkur
scoundrel fantur m.
scour v. fægja, hreinsa
scout (boy) skáti m.
scowl v. yggla sig
scramble v. klifra (með höndum og fótum)
scrap stykki n., ögn (af einhverju) f.
scrape v. skafa
scratch v. klóra, rispa
scream öskur n.; v. öskra
screw skrúfa f.; v. skrúfa
screwdriver skrúfjárn n.
scripture ritning f.
scrub v. skrubba
scrupulous samvizkusamur
scrutiny vandleg skoðun f.
scullery uppþvottaklefi m.
sculptor myndhöggvari m.

sculpture (work of) höggmynd f.
scythe ljár m.
sea sjór m., haf n.
seal innsigli n.; v. innsigla
seal (animal) selur m.
sea-level sjávarmál n.
sealing wax (bréfa) lakk n.
seaman sjómaður m.
seaplane flugbátur m.
sea-sick sjóveikur
sea-sickness sjóveiki f.
seaweed þang n., þari m.
seaworthy sjófær
search leit f.; v. leita (**for** = að)
searchlight ljóskastari m.
season árstíð f.
seat sæti n., bekkur m.
second (60 s. = 1 minute) sekúnda f.
second-class annars flokks, (**ship**) á öðru farrými
second-hand notaður
secondly í öðru lagi
secrecy leynd f., þagmælska f.
secret leyndarmál n.; adj. leynilegur
secretary ritari m., skrifari m.
section (part) hluti m.
secure öruggur
security öryggi n., (**guarantee**) trygging f.

see v. sjá, (understand) skilja
see someone home fylgja einhverjum heim
see to sjá um, annast
seed fræ n.
seek v. leita að
seem v. virðast, sýnast
seize v. grípa
seldom sjaldan
select v. velja úr; adj. útvalinn
selection úrval n.
self sjálfur
self-defence sjálfsvörn f.
self-government sjálfsstjórn f.
selfishness eigingirni f.
sell v. selja
seller seljandi m.
semi- prefix hálf- (as prefix)
semicircle hálfhringur m.
senate efri málstofa (í þingi Frakka og Bandaríkjamanna) f., háskólaráð n.
send v. senda
sensation (feeling) tilfinning f.
sensational áhrifamikill
sense tilfinning f., (good s.) vit n., (meaning) þýðing f.
senseless (foolish) heimskulegur, (unconscious) meðvitundarlaus
sensible skynsamur, skynsamlegur

sensitive viðkvæmur
sentence (grammar) setning f., (legal) dómur m.
sentimental viðkvæmur
separate v. skilja, aðskilja; adj. aðskilinn, sérstakur
separation skilnaður m.
sequel framhald n., (result) afleiðing f.
serial (story) framhaldssaga f.
series röð f.
serious alvarlegur
seriousness alvara f.
sermon prédikun f.
servant þjónn m., vinnustúlka f.
serve v. þjóna, (customer) afgreiða, (sentence) afplána dóm, (suffice) duga til, (be useful) koma að haldi
service þjónusta f., (favour) greiði m.; be of s. vera til gagns
set v. setja
setting (of sun) niðurganga f.
settle v. setjast, (an account) borga, (land) setjast að, (decide) ákveða
several ýmsir, nokkrir, margir
severe strangur, harður
sew v. sauma
sewer lokræsi n.
sewing-machine saumavél f.
sex kyn n.

sexual kynferðislegur
shade skuggi m., forsæla f., (lamp) skermur m.; v. skyggja, hlífa
shadow skuggi m.
shaft skaft n.
shake v. hrista, (tremble) skjálfa, (hands) heilsa með handabandi
(I) shall (ég) skal, mun
shallow grunnur
shame skömm f.
shampoo hárþvottur m.
shape lögun f., (figure) vöxtur m.; v. mynda
share hluti m., (financial) hlutabréf n.; v. skipta
shareholder hluthafi m.
shark hákarl m.
sharp (of edge) beittur, hvass
sharpen v. brýna, hvessa
shatter v. mölbrjóta, mölva
shave (oneself) v. raka sig
shavings hefilspænir m. pl.
shawl sjal n.
she hún
shear v. klippa
shed skúr m., skýli n.
sheep (pl. sheep) kind f., **sauðfé** n.
sheepish kindarlegur, feiminn
sheet (on bed) lak n., (metal) plata f.

shelf (pl. **shelves**) hilla f.
shell skel f., (egg) skurn f., (explosive) sprengikúla f.
shelter skjól n.; v. skýla, vernda
shepherd smalamaður m.
sheriff sýslumaður m., fógeti m.
shield skjöldur m.; v. skýla
shift (work) vakt f.; v. flytja, færa úr stað
shin sköflungur m.
shine skin n., ljómi m.; v. skína
shiny ljómandi, gljáandi
ship skip n.; v. senda með skipi
shirt skyrta f.
shipwreck skipbrot n.
shiver hrollur m.; skjálfti m.; v. skjálfa
shoal sandrif n., grynningar f. pl., (of fish) torfa f.
shock áfall n., taugaáfall n., (earthquake) kippur m.
shoe skór m.
shoelace skóreim f.
shoeleather skóleður n.
shoemaker skósmiður m.
shoe polish skóáburður m., gljái m., skósverta f.
shoot v. skjóta
shop búð f., verzlun f.; v. fara í búðir (go shopping)

shop assistant búðarmaður m., búðarstúlka f.
shore strönd f.
short stuttur, skammur, (of stature) lágur
shortage skortur m.
shorten v. stytta
shorthand hraðritun f.
shortly bráðlega
short-sighted nærsýnn
short story smásaga f.
short wave stuttbylgja f.; adj. stuttbylgju- (as prefix)
shot skot n.
shoulder öxl f.; **s-s** herðar f. pl.
shoulder-blade herðablað n.
shout kall n., óp n.; v. kalla, æpa
shovel skófla f.; v. moka
show sýning f.; v. sýna
show off v. láta á sér bera, monta
shower skúr f.
shower-bath steypibað n.
shrewd kænn, slægur
shriek skrækur m.; v. skrækja, (with laughter) skellihlæja
shrink v. (of clothes) hlaupa
shrink back hrökkva aftur á bak
shrug (shoulders) v. yppta öxlunum

shudder hrollur m.; v. skjálfa, hrylla við
shuffle (cards) v. stokka (spil)
shun v. forðast
shut v. loka; adj. lokaður
shy feiminn, styggur; v. fælast
sick sjúkur, veikur
sickness sjúkdómur m.
side hlið f.
sideways til hliðar
sigh andvarp n.; v. andvarpa
sight sjón f.
sign merki n.; v. skrifa undir
signal merki n.; v. gefa merki
signature undirskrift f.
significance þýðing f.
signify v. þýða, tákna
signpost vegamerki n.
silence þögn f.; v. þagga niður í
silent þegjandi, þögull; v. **be s.** þegja
silk silki n.
silly kjánalegur, heimskur
silver silfur n.
similar líkur, svipaður
simple einfaldur
simply adv. blátt áfram
simultaneous samtíða, samtímis- (as prefix)
sin synd f.; v. syndga

sinful syndugur
since conj. & adv. síðan, með því að, frá því að
sincere einlægur; **yours sincerely** þinn einlægur
sing v. syngja
singe v. svíða, brenna
singer söngvari m.
single einn, (ein)stakur, (unmarried) einhleypur, ógiftur
single-handed einn síns liðs
sink vaskur m.; v. sökkva, hníga
sister systir f., (nurse) yfirhjúkrunarkona f.
sister-in-law mágkona f.
sit v. sitja, (s. down) setjast
site (of house) stæði n., staða f.
situation staða f., lega f.
size stærð f., (of shoe etc.) númer n.
skate (fish) skata f.
skate (ice) skauti m.; v. fara á skautum
skeleton beinagrind f.
skeleton key þjófalykill m.
ski skíði n.; v. fara á skíðum
skid v. renna til
skilful hagur, fimur
skill hagleikur m., kunnátta f.
skin skinn n., (hide) húð f., (human) hörund n.; v. flá

skip v. hoppa
skipper skipstjóri m.
skirt pils n.
sky himinn m., loft n.
sky-blue himinblár
slacken v. lina á, slaka á
slander rógur m.; v. rægja
slap v. slá (með flötum lófa)
slate reikningsspjald n., (roof) hella f.
slaughter slátrun f., (man-) manndráp n.; v. slátra, drepa
slay v. vega, drepa
sledge sleði m.
sleep svefn m.; v. sofa
sleeping-bag svefnpoki m.
sleeplessness svefnleysi n.
sleepy syfjaður
sleet slydda f.
sleeve ermi f.
slender mjór, grannur
slice sneið f.; v. sneiða
slight lítilfjörlegur, smávægilegur
slightly lítilsháttar
slip v. renna (til), hrasa
slipper inniskór m.
slippery háll, sleipur
slit rifa f.; v. rífa
slope brekka f., hlíð f.; v. halla
slow seinn, hægur

slow down v. draga úr hraða
slowly hægt
slush bleyta f., krap n.
smack skellur m.; v. skella
small lítill, smár
smallpox bólusótt f.
smart verkur m., sviði m.; v. svíða
smart adj. velklæddur, (cunning) slunginn
smash v. mölva
smell lykt f.; v. lykta (af)
smile bros n.; v. brosa
smoke reykur m.; v. reykja
(no) smoking reykingar bannaðar
smooth sléttur; v. slétta
smuggle v. smygla
smuggler smyglari m.
snake snákur m.
snap(shot) augnabliksmynd f.
sneeze hnerri m.; v. hnerra
sniff v. sjúga upp í nefið
snob uppskafningur m.
snore v. hrjóta
snoring hrotur f. pl.
snow snjór m.; v. snjóa
snowdrift fönn f., skafl m.
snowstorm hríð f., bylur m.
snuff neftóbak n.
so svo, þannig; **s. that** svo að, til þess að

soak v. leggja í bleyti
soap sápa f.
sober ódrukkinn
sociable félagslyndur
socialism jafnaðarstefna f.
socialist jafnaðarmaður m.
society (association) félag n. (the community) þjóðfélag n., (high) samkvæmislíf n.
sociology þjóðfélagsfræði f.
sock (hálf)sokkur m.
soda sódavatn n.
sodden gegnvotur
sofa legubekkur m.
soft mjúkur
soft-boiled linsoðinn
softly hljótt; **talk s.** tala í hálfum hljóðum
soil jarðvegur m.; v. óhreinka
soldier hermaður m.
sole (foot) il f., (shoe) sóli m.; v. sóla; adj. eini, einka- (as prefix)
solemn alvarlegur, hátíðlegur
solid þéttur, fastur
solo einsöngur m.
solution (answer) úrlausn f.
solve v. leysa úr, ráða (gátu)
some einhver, nokkur, sumir
somebody einhver, nokkur

somehow einhvern veginn
sometime adv. einhvern tíma; adj. fyrrverandi
sometimes stundum
somewhere einhvers staðar
son sonur m.
son-in-law (pl. sons-in-law) tengdasonur m.
song söngur m.
soon bráðum, bráðlega, fljótt
sooner fljótara, (rather) heldur
soot sót n.
soothe v. sefa, stilla, hugga
sore adj. sár, aumur
sorrow sorg f.; v. syrgja
sorry hryggur; v. **feel s. for** kenna í brjósti um
sort tegund f.; v. flokka
soul sál f.
sound hljóð n.; v. hljóma, hljóða, (test) prófa
sound adj. heill, (healthy) heilbrigður, (faultless) gallalaus
sound asleep steinsofnaður
soup súpa f.
sour súr
source uppspretta f., (original) heimild f.

south suður; **s.-east** suðaustur, **s.-west** suðvestur
souvenir minjagripur m.
sow v. sá
space rúm n.; **open s.** opið svæði
spacious rúmgóður
spade reka f., (cards) spaði m.
Spanish (language) spænska f.; adj. spánskur
spank v. skella, flengja
spanner skrúflykill m.
spare part varahlutur m.
spare wheel varahjól n.
sparingly sparsamlega
spark neisti m.
speak v. tala
speaker ræðumaður m.
spear spjót n.
special sérstakur
specialist sérfræðingur m.
specially sérstaklega
specimen sýnishorn n.
spectacles gleraugu n. pl.
spectator áhorfandi m.
speech (language) mál n., (lecture) ræða f.
speed hraði m.; v. flýta sér
spell v. stafa
spend v. eyða, verja (peningum)

spider konguló f.
spike (járn)gaddur m.
spill v. hella niður
spin vt. spinna, vi. snúast
spinach spínat n.
spine hryggur m.
spinning-wheel rokkur m.
spinster ógift kona
spirit andi m., (courage) hugur m., (ghost) vofa f., (alcohol) vínandi m.
spirits (alcohol) áfengi n.; **in good s.** fjörugur, í góðu skapi
spiritual andlegur
spiritualism andatrú f.
spit munnvatn n.; v. hrækja
splendid ágætur, ljómandi
splinter flís f.
split vt. kljúfa, vi. klofna
spoil v. skemma
sponge svampur m.
spoon skeið f.
sport íþrótt f., (amusement) skemmtun f.
sportsman íþróttamaður m.
spot blettur m., (on face) bóla f.
spout stútur m.; v. gjósa
sprain tognun f.; v. togna
spread vt. breiða út, vi. breiðast út

spring (water) uppspretta f., (of watch) fjöður f., (season) vor n.; v. stökkva
sprinkle v. (water) skvetta, (sugar) strá á
spy njósnari m.
squander v. sóa, eyða
square ferhyrningur m., (market-place) torg f.; adj. ferhyrndur
squeak v. tísta
squeal v. hvína, veina
squeeze v. kreista, þrýsta
squint v. vera rangeygður
stab v. stinga
stable hesthús n., fjós n.; adj. stöðugur
stack stakkur m.; v. stakka, hlaða
staff stafur m., (people) starfsfólk n.
stage leiksvið n.
stagger v. skjögra, reika
stain blettur m.; v. óhreinka, (dye) lita
stainless ryðtraustur, óryðgandi
staircase, stairs stigi m.
stale daufur, (bread) gamall
stammer stam n.; v. stama
stamp (post) frímerki n., (rubber) stimpill m.; v. frímerkja, stimpla, (with foot) stappa niður fæti
stand v. standa, (endure) þola
stand by (a friend) styðja, (promise) halda (loforð)

standard merki n., (to copy) mælikvarði m.
standpoint sjónarmið n.
star stjarna f.
starboard stjǫrnborði m.
starch línsterkja f.; v. stífa
stare v. stara, glápa (at = á)
start (beginning) byrjun f., upphaf n., (with surprise) viðbragð n.; v. hrökkva við, (journey) fara af stað, (begin) byrja
startle v. gera bilt við
(be) **startled** hrökkva við
starvation sultur m., hungur n.
starve v. svelta, vt. láta svelta
state (condition) ástand n., (political) ríki n.; v. segja, skýra frá
statement skýrsla f., frásögn f., (bill) reikningur m.
statesman stjórnmálamaður m.
station (railway, police etc.) -stöð f.
stationary kyrr, kyrrstæður
stationery ritföng n. pl.
statistics skýrslur f. pl., tölur f. pl., (study of) hagfræði f.
statue myndastytta f., líkneski n.
stature hæð f., vöxtur m.
stay dvöl f.; v. dvelja(st)
steak steik f.

steal v. (take) stela, (go) læðast
steam gufa f., reykur m.
steamship gufuskip n.
steel stál n.
steep brattur; v. (clothes) bleyta
steer v. stýra
step skref n., (stair) trappa f.; v. stíga, ganga
step-brother uppeldisbróðir m.
step-daughter stjúpdóttir f.
step-father stjúpfaðir m.
step-mother stjúpmóðir f.
step-sister uppeldissystir f.
sterile ófrjór
stern afturhluti skips (m.); adj. strangur
stew v. sjóða
steward ráðamaður m., (on ship) bryti m.
stewardess (ship) þerna f.
stick stafur m., spýta f.; v. stinga, (glue) líma
sticking-plaster heftiplástur m.
stiff stirður, stinnur
stiffen v. stirðna
still adj. kyrr; adj. enn, enn þá, þó
sting v. stinga
stingy nízkur
stink óþefur m.; v. lykta

stipulate v. áskilja
stir v. (move) hreyfa (sig), (coffee) hræra í
stirrup ístað n.
stitch nálspor n., lykkja f.; v. sauma
stock stofn m., (stores) vörubirgðir f. pl., (cattle) bústofn m.; v. birgja, hafa fyrirliggjandi
stocking sokkur m.
stoke v. kynda
stomach magi m.
stone steinn m.
stone-cold ískaldur
stone-dead steindauður
stone-deaf alveg heyrnarlaus
stoop v. beygja sig
stop v. stöðva, stoppa
store birgðir f. pl., (shop) búð f.; v. safna forða
storehouse vörugeymsluhús n.
storey hæð (í húsi) f.
storm stormur m., rok n.
stormy stormasamur, roksamur
story saga f.
stout digur
stove ofn m.
straight beinn, réttur, (honest) ráðvandur
straightaway undir eins

strain v. teygja, ofreyna (sig)
strand v. stranda
strange ókunnugur, skrítinn, óvenjulegur
strangely undarlega
stranger ókunnugur maður
strangle v. kyrkja
strap ól f.
straw strá n., hálmur m.
strawberry jarðarber n.
stream á f., lækur m., (current) straumur m.
street gata f., stræti n.
strength kraftur m., afli m.
strengthen v. styrkja
stress áherzla f.
stretch v. teygja, (oneself) rétta úr sér
stretcher sjúkrabörur f. pl.
strict strangur
strife deila f.
strike v. slá; **how does it s. you** hvernig finnst þér það, hvernig lízt þér á það
strike (workers) verkfall n.; v. gera verkfall
striking eftirtektarverður
string band n., snæri n.
strip v. afklæða sig
stripe rönd f.

stroke (pen) strik n. (blow) högg n.; v. strjúka
stroll ganga (til skemmtunar) f.; v. ganga, reika
strong sterkur, öflugur
struggle barátta f.; v. brjótast um; **s. against** berjast í móti
stubborn þrár
stud (collar) flibbahnappur m.
student námsmaður m.
studio (listamanns) vinnustofa f.
study nám n., (room) lesstofa f.; v. nema, læra
stuff efni n.
stuffy loftlaus (um herbergi)
stumble v. hrasa
stupid heimskur
stupidity heimska f.
style still m., (fashion) tízka f.
stylish glæsilegur, tízkulegur
subconsciousness undirmeðvitund f.
subdue v. undiroka, kúga
subject (of a ruler) þegn m., (theme) efni n., (of study) námsgrein f.; adj. **s. to** háður
subject matter efni n., viðfangsefni n.
submarine kafbátur m.
submit v. (propose) stinga upp á, (yield) láta undan

subscribe v. skrifa sig fyrir
subscriber áskrifandi m.
subscription (fjár)tillag n., áskrift f., (yearly s.) ársgjald n.
subsequent eftirfarandi
subsequently seinna
subterranean neðanjarðar
subtract v. draga frá
suburb (bæjar)úthverfi n.
succeed v. takast, heppnast, (come after) koma eftir
success góður árangur, heppni f.
successor eftirmaður m.
such slíkur, þvílíkur
sudden snöggur, skyndilegur
suddenly allt í einu, snögglega
sue v. lögsækja; **s. for** biðja um
suffer v. þola
suffice v. nægja
sufficient nógur
sugar sykur m., n.
suggest v. stinga upp á
suggestion uppástunga f., bending f.
suicide sjálfsmorð n.; v. **commit s.** fremja sjálfsmorð
suit (of clothes) fatnaður m., klæðnaður m.; v. fara einhverjum vel
suitable hæfilegur, viðeigandi
suit-case ferðataska f.

sulky ólundarfullur
sullen önugur
sulphur brennisteinn m.
sum (of money) upphæð f.
summary ágrip n.
summer sumar n.
summertime sumartími m.
summit tindur m., toppur m.
summon v. kalla til sín, kalla saman
sun sól f.
sun-bath sólbað n.
sunbathe v. liggja í sólbaði
sunburnt sólbrenndur
sun glasses sólgleraugu n. pl.
sunshine sólskin n.
sundry ýmsir
superfluous óþarfur
superintend v. hafa umsjón með
superior betri, æðri
superiority yfirburðir m. pl.
superstition hjátrú f.
superstitious hjátrúarfullur
supervise v. sjá um, hafa umsjón með
supervision umsjón f.
supper kvöldmatur m.
supply forði m.; útvega, birgja (**with** = að)
support stuðningur m., hjálp f.; v. styðja

suppose v. gera ráð fyrir, halda
supreme hæstur, æðstur
suppress v. bæla niður
sure viss
surface yfirborð n.
surgeon skurðlæknir m., handlæknir m.
surly önugur
surname eftirnafn n.
surpass v. bera af, skara fram úr
surprise undrun f.; v. koma á óvart
surprised hissa
surprising furðulegur
surrender v. gefast upp
surround v. umkringja
surroundings umhverfi n. pl.
survey v. skoða
survive v. lifa (eftir)
suspect v. gruna
suspender (garter) sokkaband n.
suspender belt sokkabandabelti n.
suspicion grunur m., tortryggni f.
suspicious tortrygginn, grunsamlegur
sustain v. halda uppi
swallow v. gleypa, kyngja
swan svanur m., álft f.
swarm hópur m., sægur m.
swear v. sverja, vinna eið, (curse) blóta
sweat sviti m.; v. svitna
sweep v. sópa

sweet adj. sætur
sweets sælgæti n.
sweetheart unnusti m., unnusta f.
sweeten v. gera sætt
swim v. synda
swimmer sundmaður m.
swimming sund n.
swindle v. svíkja
swing sveifla f., róla f.; v. sveifla, róla
swollen bólginn, þrútinn
sword sverð n.
syllable samstafa f., atkvæði n.
symbol tákn n., merki n.
sympathetic samúðarfullur
sympathize v. samhryggjast, sýna samúð
sympathy samúð f.
symptom (sjúkdóms)einkenni n.
syringe sprauta f.; v. sprauta í
system kerfi n.
systematic kerfisbundinn

T

table borð n., (mathematics) tafla f.
table-cloth borðdúkur m.
table-lamp borðlampi m.
table-spoon matskeið f.

taboo bann n.
tackle útbúnaður m., (fishing) veiðarfæri n.
tact háttvísi f.
tail (cow) hali m., (dog) rófa f., (horse) tagl n., (bird) stél n., (fish) sporður m.
tailor skraddari m., klæðskeri m.
take v. taka, **t. with one** fara með
take account of taka tillit til
take after someone líkjast einhverjum
take by surprise koma einhverjum á óvart
take on (a job) taka að sér
take one's time fara hægt og rólega
take part in taka þátt í
take place gerast, eiga sér stað
take steps gera ráðstafanir
tale saga f.
talent gáfa f., hæfileiki m.
talk samtal n., ræða f.; v. tala
tall hár, stór vexti
tame taminn; v. temja
tank ílát n., (vatns)geymir m., (military) skriðdreki m.
tap létt högg (n); v. berja hægt
tap (water) (vatns)krani m.
tape bendill m., band n., (measure) mæliband n.

tar tjara f.; v. tjarga
tariff verðlisti m.
task ætlunarverk n., starf n.; v. reyna á
taste bragð n., (discrimination) smekkur m.; v. bragða, smakka
tasteful smekklegur
tasteless bragðlaus
tasty bragðgóður
tax skattur m.; v. leggja skatt á
taxable skattskyldur
taxi (leigu)bíll m.
tea te n.
teach v. kenna
teacher kennari m., kennslukona f.
team flokkur m., (íþróttamanna) lið n.
teapot tepottur m.
teaspoon teskeið f.
tear (weeping) tár n.
tear v. rífa
tease v. stríða
technology iðnfræði f.
tedious leiðinlegur
teetotaller bindindismaður m.
telegram (sím)skeyti n.
telephone sími m.; v. síma
telescope sjónauki m.
tell v. segja, segja frá, skýra frá
temper skap n.; v. tempra
tempest ofviðri n., stormur m.

temporarily til bráðabirgða
tempt v. freista
temptation freisting f.
tenant leiguliði m.
tendency stefna f., hneigð f.
tender meyr, mjúkur; v. bjóða
tent tjald n.
term (school) skólamisseri n., (expression) orð n., heiti n.
terms skilmálar m. pl.
tern kría f.
terrible hræðilegur
terrify v. hræða
terror hræðsla f., ótti m.
test raun f., (touchstone) prófsteinn m.; v. reyna, prófa
text texti m.
text-book kennslubók f.
than en, heldur en
thank v. þakka
thank you þakka þér fyrir
that prn. & adj. þessi, þetta.; conj. að, til þess að
the hinn (hin, hið)
theatre leikhús n.
theft þjófnaður m.
their þeirra, (reflexive) sinn (sín, sitt)
then þá, á þeim tíma
theology guðfræði f.

there þar; **to th.** þangað; **from th.** **það-an**
therefore þess vegna
there is það er
thermometer hitamælir m.
they þeir (þær, þau)
thick digur, þykkur
thief (pl. thieves) þjófur m.
thigh læri n.
thin mjór, þunnur
think v. hugsa, hyggja, halda
thirst þorsti m.
thirsty þyrstur
this þessi
this evening í kvöld
this morning í morgun
thoroughly algjörlega
though þó að, þótt
thought hugsun f., umhugsun f.
thoughtful hugsandi, hugsunarsamur
thoughtless hugsunarlaus
thousand þúsund n., f.
thread þráður m., tvinni m.
threadbare (um föt) slitinn, aflóa
threat hótun f.
threaten v. hóta
threshold þröskuldur m.
thriftiness sparsemi f.
thrifty sparsamur

thrilling spennandi
thrive v. þrífast
throat háls m., kverkar m. pl.
throne hásæti n.
through prp. gegnum; adv. í gegn
throw kast n.; v. kasta, (away) fleygja
thumb þumalfingur m.
thunder þruma f.
ticket (for entry) aðgöngumiði m., (for journey) farseðill m.
tickle v. kitla
tide sjávarfall n.
tidy snotur, þokkalegur; v. taka til
tie (neck) (háls)bindi n., (of friendship) bönd n. pl., (sport) jafntefli n.; v. binda
tight þéttur, þröngur
tile þaksteinn m., tígulsteinn m.; v. þekja
till peningaskúffa (í búð) f.; prp. & conj. til, þangað til
timber timbur n.
time tími m., (occasion) skipti n.; **what's the t.** hvað er klukkan
tin blikk n., (container) blikkdós f.
tinned food dósamatur m.
tiny ofurlítill, smár
tip toppur m., broddur m., (finger) gómur m., (gratuity) þjórfé n.

tire v. þreyta, (become t.) þreytast, verða leiður (of = á)
tired þreyttur, uppgefinn, (bored) leiður (á)
tiresome leiðinlegur
title (book) titill m., (honour) nafnbót f.
to til, að, við, fyrir, (with infinitive) að
toast ristað brauð
tobacco tóbak n.
to-day í dag
toe tá f.
toffee karamella f.
together saman, í einu; **t. with** ásamt
toilet salerni n.
toilet-paper salernispappír m.
toilet-soap handsápa f.
tolerable bærilegur
tomato tómat(i) m.
to-morrow á morgun; **t. morning** í fyrramálið
ton smálest f.
tongs tangir f. pl., töng f.
tongue tunga f., (language) tungumál n.
to-night í kvöld, í nótt
too (also) einnig, líka; (with adj.) of (stór)
tool verkfæri n.
tooth (pl. **teeth**) tönn f.

tooth-ache tannpína f.
tooth-brush tannbursti m.
tooth-paste tannkrem n.
top toppur m., (mountain) tindur m.
torch (electric) vasaljós n.
torpedo tundurskeyti n.
torrent straumhörð á (f.)
torture píning f.; v. pína
total aðalupphæð f.; adj. algjör, allur
touch snertur m., snerting f.; v. snerta
tough seigur, sterkur
tour skemmtiferð f.
tourist ferðamaður m., túristi m.
tourist bureau ferðamannaskrifstofa f.
towards til, í áttina til
towel handklæði n.
tower turn m.; v. gnæfa
town borg f., bær m.
town council bæjarstjórn f.
town hall ráðhús n.
toy leikfang n.
track spor n., (path) braut f.; v. rekja spor
trade verzlun f., viðskipti n. pl.; v. verzla
trademark vörumerki n.
trade union verkamannafélag n., iðnfélag n.

traffic umferð f.; **t. lights** umferðarljós n. pl.
tragedy sorgleikur m., harmleikur m.
train (járnbrautar)lest f.; v. æfa, æfa sig, (animal) temja
traitor, svikari m., landráðamaður m.
tram sporvagn m.
tramp flækingur m., flakkari m.; **t. steamer** vöruflutningaskip n.
transfer yfirfærsla f.; v. færa úr einum stað í annan, yfirfæra
translate v. þýða
translation þýðing f.
transmit v. senda
transport flutningur m.; v. flytja
trap gildra f.
travel ferð f., ferðalög n. pl.; v. ferðast
trawler togari m., botnvörpungur m.
tray bakki m.
treachery svik n. pl.
treasure fjársjóður m., dýrgripur m.; v. varðveita sem dýrgrip
treat skemmtun f.
treat well (badly) v. fara vel (illa) með
treatment meðferð f.
tree tré n.
tremble v. skjálfa
trial tilraun f., (legal) málsrannsókn f., mál n.

trick bragð n., (cards) slagur m.; v. (deceive) svíkja
trifle smáræði n.
trivial ómerkilegur
troop flokkur m., hópur m.
troops herlið n.
trouble (inconvenience) ónæði n., (difficulty) vandræði n. pl.; v. ónáða
trousers buxur f. pl.
trout silungur m.
true sannur
truly sannarlega; **yours t.** yðar einlægur, virðingarfyllst
trump (at cards) tromp n.; v. trompa
trumpet lúður m.
trunk (tree) stofn m., bolur m., (elephant) fílsrani m., (box) koffort n.
trunk call símasamtal milli bæja
trust traust n.; v. treysta
truth sannleikur m.
truthful sannorður
try v. reyna
tuberculosis berklaveiki f.
tug (boat) dráttarbátur m.; v. toga (**at** = í)
tumbler glas n.
tune lag n.
tunic treyja f., kyrtill m.

tunnel jarðgöng n. pl.; v. grafa jarðgöng
turn v. snúa
turn aside víkja til hliðar
turn a corner fara fyrir horn
turn in fara í rúmið
turn the light on kveikja
turn the light off (or out) slökkva
turn round snúa við, líta við
turn up koma fram, koma fyrir
turnip rófa f.
tutor kennari m.
twice tvísvar; **t. as big** helmingi stærri
twilight rökkur n.
twin tvíburi m.
type v. vélrita
typewriter ritvél f.
typewritten vélritaður
typist vélritari m.
tyranny harðstjórn f.
tyre hjólbarði m.

U

ugly ljótur
ultimatum úrslitakostir m. pl.
umbrella regnhlíf f.
(I was) unable to come ég gat ekki komið

unaccustomed óvanur
unadvisable óráðlegur
unanimous sammála
unanimously í einu hljóði
unavoidable óhjákvæmilegur
unaware óvitandi
unawares á óvart, í ógáti
unbearable óþolandi
unbelievable ótrúlegur
unbiassed óhlutdrægur
unbutton v. hneppa frá
uncertain óviss
uncivilized ósiðaður, ókurteis
uncle föðurbróðir m., móðurbróðir m.
uncomfortable óþægilegur
uncommon óvenjulegur
unconscious meðvitundarlaus
unconsciously án þess að hugsa, ósjálfrátt
undamaged óskemmdur
undecided óákveðinn
undeniable óneitanlegur, óyggjandi
under undir, fyrir neðan
underclothes nærföt n. pl.
undergo v. verða fyrir, þola
underground adj. neðanjarðar
underrate v. virða of lágt, meta of lítils
understand v. skilja

understanding skilningur m.; adj. skynsamur
undertake v. taka að sér
undertaking fyrirtæki n., (promise) loforð n.
underwear nærfatnaður m.
undesirable óæskilegur
undivided óskiptur, heill
undo v. (untie) leysa
undoubtedly vafalaust
undress v. afklæða sig
uneasy órór, áhyggjufullur
uneducated ómenntaður
unemployed atvinnulaus
unemployment atvinnuleysi n.
unequal misjafn
uneven ósléttur, ójafn
unexampled dæmalaus
unexpectedly óvænt
unfair ósanngjarn, óheiðarlegur
unfaithful ótrúr
unfashionable gamaldags
unfasten v. leysa
unfavourable óhagstæður
unfinished ófullgerður
unfit óhæfur
unfold v. breiða út, opna
unforgettable ógleymanlegur

unfortunate (person) óheppinn, (incident) óheppilegur
unfounded ástæðulaus
unfriendly óvinveittur
unfruitful ófrjósamur, árangurslaus
unfurnished húsgagnalaus
ungainly klunnalegur
ungrateful óþakklátur, vanþakklátur
unhappy óhamingjusamur
unhealthy heilsulaus
unhurt ómeiddur
uniform einkennisbúningur m.; adj. tilbreytingarlaus
uninteresting leiðinlegur
union sameining f., (trades-) félag n.
unique óviðjafanlegur
unite v. sameina, sameinast
universal almennur, allsherjar
university háskóli m.
unjust óréttlátur, ósanngjarn
unknown óþekktur, ókunnur
unlawful ólöglegur
unless conj. nema
unlock v. ljúka upp
unlucky óheppinn
unmarried ógiftur
unmerciful ómiskunnsamur, grimmur
unnatural óeðlilegur
unnecessary ónauðsynlegur

unpack v. taka upp (farangur)
unpaid ógreiddur, ólaunaður
unpardonable ófyrirgefanlegur
unpleasant óþægilegur, óskemmtilegur
unpopular óvinsæll
unprepared óviðbúinn
unprofitable gagnlaus
unreasonable ósanngjarn, óskynsamur
unreliable óáreiðanlegur
unripe óþroskaður
unsatisfactory ófullnægjandi
unscrupulous samvizkulaus
unselfish ósíngjarn
unstarched óstífaður
unsuccessfully árangurslaust
unsuitable óhentugur
unsuspecting grunlaus
unthinkable óhugsanlegur
untidy óþriflegur, sóðalegur
untie v. leysa
until þangað til
untrue ósannur
untruth ósannindi n. pl., lygi f.
unusual óvenjulegur
unwell lasinn
unwholesome óhollur
unwilling ófús
unworthy óverðugur, ósamboðinn
up upp

upbringing uppeldi n.
upper efri; **uppermost** efstur
upright uppréttur, (person) hreinskilinn, heiðarlegur
uproar hávaði m.
upset v. velta einhverju um
upstairs uppi
upwards upp á við
urban borgar- (as prefix)
urge v. knýja, reka áfram
usage meðferð f., (custom) venja f.
use notkun f.; **be of u.** vera til gagns; v. nota
useful nytsamlegur, gagnlegur
useless ónýtur, gagnslaus
usual venjulegur
utilize v. nota, hagnýta
utmost yztur, mestur
utter v. segja, láta í ljós; adj. algjör, hreinasti
utterly alveg

V

vacant auður, tómur
vaccinate v. bólusetja
vacuum cleaner ryksuga f.
vacuum flask hitabrúsi m.

vague óljós, óákveðinn
vain hégómlegur; **in v.** adv. árangurslaust
valid gildur
valley dalur m.
valuable dýrmætur
valuation virðing f., (estimate) mat n.
value gildi n., verðmæti n.; v. meta, meta til verðs
vanish v. hverfa
vanity hégómi m.
vanquish v. sigra
variable breytilegur
various ýmislegur
veal kálfskjöt n.
vegetables grænmeti n.
vegetarian maður sem borðar ekki kjöt
vehemence ákafi m.
vehicle farartæki n.
veil blæja f.
vein æð f.
venereal disease kynferðissjúkdómur m.
vengeance hefnd f.
ventilation loftræsting f.
verdict úrskurður (í máli) m.
verge rönd f.; **on the v. of** kominn að
very mjög
vessel ílát n. (ship) skip n.

vest bolur m., nærskyrta f.
vet, veterinary surgeon dýralæknir m.
veto v. banna
vex v. áreita, móðga
vicar prestur m.
vicarage prestsetur n.
vice löstur m.
victory sigur m.
victuals vistir f. pl.
view útsýni n., (opinion) skoðun f.
viewpoint sjónarmið n.
vigour kraftur m., þrek n.
vile andstyggilegur
village þorp n.
vinegar edik n.
violence ofbeldi n.
violin fiðla f.
virgin mey f.
virtue dyggð f., kostur m.
visibility skyggni n.
visible sýnilegur
vision sjón f., sýn f.
visit heimsókn f.; v. heimsækja
vital áríðandi
vivid skær, lifandi
vocabulary orðasafn n., orðaforði m.
vogue tízka f.
voice rödd f.
volcano eldfjall n.

volume (book) bindi n., (capacity) rúmtak n.
volunteer sjálfboðaliði m.
vote atkvæði n.; v. greiða atkvæði
voter kjósandi m.
vouch for v. bera vitni um, ábyrgjast
vow heit n.; v. heita, fullyrða
vowel sérhljóði m.
voyage sjóferð f.
vulgar dónalegur
vulnerable særanlegur

W

wade v. vaða
waders vatnsstígvél n. pl.
wager veðmál n.
wages laun n. pl., kaup n.
waist mitti n.
waistcoat vesti n.
wait bið n.; v. bíða
waiter þjónn m.
waiting room biðstofa f.
waitress þjónustustúlka (í veitingahúsi) f.
wake vt. vekja; vi. vakna; (be awake) vaka
walk v. ganga

wall veggur m.
wallet taska f., leðurveski n.
waltz vals m.
wander v. ráfa, ganga um
want skortur m., þörf f.; v. þurfa, vanta
war stríð n., ófriður m.
ward (town) borgarhluti m., (hospital) deild f.
warehouse vörugeymsluhús n.
warm hlýr, heitur; v. verma, hita
warn v. vara við
warning viðvörun f., aðvörun f., (notice) fyrirvari m.
wash þvottur m.; v. þvo (oneself = sér)
wash-basin vaskur m., þvottaskál f.
washerwoman (pl. **w-women**) þvottakona f.
washing machine þvottavél f.
washing- up uppþvottur m.
waste eyðsla f.; v. eyða
watch vaka f., (wrist) (armbands)úr n.; vaka, vera á verði
water vatn n.
water colours vatnslitir m. pl.
waterproof vatnsheldur
waterworks vatnsveita f.
wave bára f., bylgja f.; v. (hair) láta krulla hárið á sér

wax vax n.
way vegur m., leið f., (method) hátt-
ur m.
we við, vér
weak máttlaus
wealth auður m.
wealthy auðugur, ríkur
weapon vopn n.
wear v. vera í (fötum), vera með; **w. out** slíta
weary þreyttur; v. þreyta
weather veður n.
weather forecast veðurspá f.
wedding brúðkaup n., **silver w.** silfurbrúðkaup n.
wedding anniversary brúðkaupsafmæli n.
weed arfi m., illgresi n.
week vika f.
weekly vikulegur, viku- (as prefix)
weep v. gráta
weigh v. vega
weight þyngd f., þungi m.
welcome adj. velkominn; v. fagna
welfare velferð f.
well brunnur m.; adj. heilbrigður; adv. vel; (interjection) jæja
wellingtons gúmmístígvél (sem ná upp að hné) n. pl.

well-off, well-to-do efnaður
west vestur
wet bleyta f.; adj. blautur
wet through holdvotur
whale hvalur m.
wharf bryggja f.
what prn. hvað, það sem; adj. hvaða
wheat hveiti n.
wheel hjól n.
wheelbarrow hjólbörur f. pl.
when adv. hvenær; conj. þegar
where hvar, hvert, þar sem
wherever hvar sem, hvert sem
whether hvort
which (interrogative) hver, hvor; (relative) sem
while stund f.; conj. á meðan
whip svipa f.; v. berja, flengja
whisper v. hvísla
white hvítur
Whitsunday hvítasunnudagur m.
who (interrogative) hver, (relative) sem
whoever hver sem
whole heill, allur
wholesale heildsala f.
wholesome hollur
wholly alveg
whom hvern, hverjum (see **who**)
whore vændiskona f.

whose hvers (see **who**)
whooping cough see **hooping cough**
why hvers vegna, af hverju
wide víður, breiður
widen víkka, breikka
wide-spread útbreiddur
widow ekkja f.
widower ekkjumaður m.
wife (pl. **wives**) eiginkona f., kona f.
wild villtur
will vilji m.; v. vilja; (auxiliary v.) munu, skulu
willing viljugur
willingly gjarna, fúslega
win v. vinna, sigra
winch (akkeris)vinda f.
wind vindur m.
wind v. vinda, (clock) draga upp
window gluggi m.
window-sill gluggakista f.
windpipe barki m.
wine vín n.
wing vængur m., (building) álma f.
wink v. depla augunum
winter vetur m.
wipe v. þurrka
wire vír m.; v. (house) leggja rafmagnsleiðslur í hús, (telegram) senda skeyti
wireless v. senda loftskeyti

wireless operator loftskeytamaður m.
wireless set útvarpstæki n.
wireless station útvarpsstöð f., loftskeytastöð f.
wise vitur, hygginn
wish ósk f., löngun f.; v. óska (**for** = eftir)
with með, við, hjá
within prp. innan; adv. inni
without prp. án; adv. úti
witness vitni n., vottur m., (evidence) vitnisburður m.; v. vera vottur að, sjá með eigin augum
woman (pl. **women**) kvenmaður m., kona f.
womenfolk kvenfólk n.
wonder (surprise) undrun f., furða f.; v. undrast, furða sig á, (be curious) hafa gaman af að vita
wood viður m., tré n., (forest) skógur m.
wool ull f.
word orð n., (promise) loforð n.; v. orða
work verk n., vinna f., starf n.; v. vinna, starfa
worker, workman verkamaður m.
workshop vinnustofa f.
world veröld f., heimur m.
world-famous heimsfrægur
worm maðkur m., ánamaðkur m.

worn slitinn; **w. out** (clothes) útslitinn, **(person)** dauðþreyttur, uppgefinn
worry áhyggjur f. pl.
worse verri
worst verstur
worth virði n.; adj. verður
worthy verðugur, maklegur
wound sár n.; v. særa
wrestle v. glíma
wrinkle hrukka f.
wrist úlnliður m.
wrist-watch armbandsúr n.
write v. skrifa, rita
writer (author) rithöfundur m.
writing skrift f.
writing-paper skrifpappír m.
written skrifaður
wrong rangur, vitlaus

Y

yacht skemmtiskip n. (einkum lítið kappsiglingaskip)
yard (measure) 3 ensk fet, hér um bil 1 metri
yard garður m.
yawn v. geispa
year ár n.

yearly adj. árlegur; adv. árlega
yearn for v. þrá, langa í
yellow gulur
yes já, (in answer to negative question) jú
yesterday í gær
yet samt, enn þá
yield v. (of soil) gefa af sér; (surrender) vi. gefast upp, láta undan, vt. gefa upp
yolk rauða (í eggi) f.
you þú, þér, þið
young ungur
your adj. þinn (þín, þitt); yðar, ykkar
yours prn. þinn (þín, þitt); yðar, ykkar
yourself þú sjálfur
youth æska f., æskuár n. pl.; (young people) æskulýðurinn m.

Z

zeal ákafi m.
zealous ákafur, kappsamur
zero núll n. núllpunktur m.
zip fastener rennilás m.
zone jarðbelti n.
zoo dýragarður m.
zoology dýrafræði f.

THE DAYS OF THE WEEK

Sunnudagur	Sunday
Mánudagur	Monday
Þriðjudagur	Tuesday
Miðvikudagur	Wednesday
Fimmtudagur	Thursday
Föstudagur	Friday
Laugardagur	Saturday

THE MONTHS OF THE YEAR

Janúar	January
Febrúar	February
Marz	March
Apríl	April
Maí	May
Júní	June
Júlí	July
Ágúst	August
September	September
Október	October
Nóvember	November
Desember	December

SOME COUNTRIES

America	Amerika
British Isles	Bretlandseyjar
Denmark	Danmörk
England	England
Finland	Finnland
France	Frakkland
Germany	Þýzkaland
Iceland	Ísland
Ireland, Eire	Írland
Italy	Ítalía
Norway	Noregur
Russia	Rússland
Scotland	Skotland
Sweden	Svíþjóð

THE NUMERALS

Cardinals		Ordinals
0	nought	
1	one	first
2	two	second
3	three	third
4	four	fourth
5	five	fifth
6	six	sixth
7	seven	seventh

8	eight	eighth
9	nine	ninth
10	ten	tenth
11	eleven	eleventh
12	twelve	twelfth
13	thirteen	thirteenth
14	fourteen	fourteenth
15	fifteen	fifteenth
16	sixteen	sixteenth
17	seventeen	seventeenth
18	eighteen	eighteenth
19	nineteen	nineteenth
20	twenty	twentieth
21	twenty-one	twenty-first
30	thirty	thirtieth
40	forty	fortieth
50	fifty	fiftieth
60	sixty	sixtieth
70	seventy	seventieth
80	eighty	eightieth
90	ninety	ninetieth
100	hundred	hundredth

NOKKRAR ÓREGLULEGAR SAGNIR

beat	beat	beaten
become	became	become
begin	began	begun
bind	bound	bound
bite	bit	bitten
bleed	bled	bled
blow	blew	blown
break	broke	broken
bring	brought	brought
catch	caught	caught
choose	chose	chosen
come	came	come
do	did	done
drink	drank	drunk
drive	drove	driven
eat	ate	eaten
feel	felt	felt
fight	fought	fought
find	found	found
fly	flew	flown
get	got	got
give	gave	given
go	went	gone
hold	held	held
keep	kept	kept
know	knew	known
lay	laid	laid

leave	left	left
lie	lay	lain
make	made	made
ride	rode	ridden
rise	rose	risen
run	ran	run
say	said	said
see	saw	seen
sell	sold	sold
sing	sang	sung
sit	sat	sat
speak	spoke	spoken
stand	stood	stood
strike	struck	struck
swim	swam	swum
take	took	taken
teach	taught	taught
tell	told	told
think	thought	thought
write	wrote	written

Íslenzk-ensk

Vasa-Orðabók

o

Icelandic-English

Pocket Dictionary

Íslenzk-ensk

Vasa-Orðabók

eftir

ARNOLD R. TAYLOR

Orðabókarútgáfan

Icelandic-English

Pocket Dictionary

by

ARNOLD R. TAYLOR

Orðabókarútgáfan

PREFACE

The object of this dictionary is to be as helpful as possible within its small compass. Precise usage cannot be defined in a small space, but it is hoped that the additional explanatory information which has been given in brackets for words of doubtful meaning will be helpful both to English and to Icelandic users.

Icelandic is still a highly inflected language, and a knowledge of its grammar is essential even for everyday use. This knowledge cannot be supplied in a dictionary and the student must buy a grammar as soon as possible; but a few general hints on the inflection of nouns and the conjugation of some of the more common strong verbs are given in an appendix, where, for convenience sake, the days of the week, the months of the year, and the numerals are also listed.

APPROXIMATE PRONUNCIATION

The Vowels

In Icelandic all vowels can be long or short. They are normally pronounced long when followed by (1) a single consonant or (2) the consonant combinations **p, t, k** + **r. j, v** (i. e. **pr, tr,** etc.). They are normally pronounced short if followed by a double consonant or a consonant combination other than those mentioned above.

a (short) like **a** in northern English **man: land.**

a (long) like **a** in **father: maður.**

a followed by **ng, nk** like **ou** in **house: banki.**

á like **ou** in **house: láta.**

e (short) like **e** in **met: selja.**

e (long) like **ea** in **bear: bera.**

é like the **ye** in **yet: éta.**

i (short) like the **i** in **hit: hitta.**

i (long) is the same **i** lengthened: **bila.**

i followed by **ng, nk** like **ee** in **seen,** but shorter: **hringja.**

í like the **ee** in **seen: líta.**
o (short) like **o** in **not: foss.**
o (long) like **aw** in **saw: sofa.**
ó like **o** in **sole: sól.**
u (short) like **eu** in French **deux: munnur.**
u (long) is the same short **u** but lengthened: **sumar.**
u followd by **ng, nk** like **oo** in **moon,** but shorter: **ungur.**
ú like **oo** in **moon: súpa.**
y, ý are pronounced as Icelandic **i, í** above: **lyfta, sýna.**
æ like **i** in **mile:** mæla.
ö (short) like **ur** in **urgent,** but shorter: **högg.**
ö (long) like **ur** in **urgent: vör.**
au like the vowel in French **feuille: aumur.**
ei, ey are both like **ay** in **day: leita, leysa.**

The Consonants

The consonants **b, d, h, k, l** (except **ll**), **m, n** (except **nn**), **t, v** and **x** are pronounced as in English, except that the voiced consonants **b** and **d** are rarely as strongly voiced as their English equivalents.

f (1) at the beginning of a word as English **f: fara.**
(2) in the middle or at the end of a word as English **v: hafa,**
(3) before **l** and **n** like Icelandic **b: gafl, nafn.**

g (1) at the beginning of a word like English **g** in **good: góður,**
(2) after a vowel, unless followed by **i** or **j**, like **g** in the German word **sagen: saga, sagði,**
(3) after a vowel and followed by **i** or **j** like **y** in English **yet: magi, segja,**
(4) it is lost after **á, ó, ú** when followed by **a** or **u** in the next syllable or when final: **lág, skógur,**

j like the **y** in English **yes: já.**

ll rather like the **ttl** in **settle: fella.**

nn (1) after **á, í, ó, ú, ý, æ, au, ei** and **ey** is pronounced rather like **tn: steinn,**
(2) after other vowels and in the suffixed definite article as in English (though double): **finna.**

p as in English except that before **s, k** and **t** it is pronounced **f: penni, skips.**

r is more strongly trilled than in English: **far.**

rl often sounds like **tl** (cf. **ll** above): **karl.**

rn often sounds like **tn** (cf. **nn** above): **barn.**

s as in **s** in English **mouse** and not as in **rose: mús.**

z as English **s: verzlun.**

hv like **qu** in English **quick: hvað**

þ like **th** in English **thin: þunnur.**

ð like **th** in English **that: að.**

MAIN ABBREVIATIONS
Helztu skammstafanir

a.	adjective	lýsingarorð
acc.	accusative	þolfall
adv.	adverb	atviksorð
compar.	comparative	miðstig
conj.	conjunction	samtenging
dat.	dative	þágufall
f.	feminine noun.	kvk. nafnorð
gen.	genitive	eignarfall
impers.	impersonal	ópersónulegur
indecl.	indeclinable	óbeygjanlegur
m.	masculine noun.	kk. nafnorð
n.	neuter noun.	hvk. nafnorð
pl.	plural	fleirtala
prn.	pronoun	fornafn
prp.	preposition	forsetning
superl.	superlative	hástig
sv.	strong verb	sterkt sagnorð
svt.	str. verb trans.	st. áhr.sagnorð
v.	weak verb	veikt sagnorð
vi.	w. verb intrans.	áhrl. v. sagnorð
w.	with	með

A, Á

á, prp. (w. acc. & dat.) on, in.
á, f. river.
áberandi, a. striking, obvious.
ábóti, m. abbot.
áburður, m. ointment; manure.
ábyggilegur, a. reliable.
ábyrgð, f. responsibility.
ábyrgðarbréf, n. registered letter.
ábyrgjast, v. answer for, be responsible for.
að, conj. that; prp. (w. dat.) to(wards)
aðalgata f. main road.
aðallega, adv. mainly, chiefly.
aðalsmaður (pl. **-menn**), m. nobleman.
áðan, adv. a moment ago, just now.
aðbúnaður, m. accommodation.
aðdáun, f. admiration.
aðeins, adv. only.
aðfall, n. rising tide.
aðfangadagur, m. day before a holiday, especially Xmas Eve.
aðferð, f. method.
aðgangur, m. admission, access.
aðgengilegur, a. acceptable, accessible.

aðgæzla, f. care, attention.
aðgöngumiði, m. ticket (for entry).
aðili, n. party, person.
aðmíráll, m. admiral.
aðsetur, n. residence.
aðsókn, f. attendance.
aðstoð, n. help, assistance,
aðstoða, a. help, assist.
aðstoðarmaður, m. supporter, assistant.
áður, adv. before; **á. en**, conj. before.
aðvörun, f. warning, caution.
af, prp. (w. dat.) from, of, by.
áfangastaður, m. destination.
afarstór, a. very large.
afborgun, f. instalment, part-payment.
afbrýðisamur, a. jealous.
afbrýðisemi, f. jealousy.
áfengi, n. spirits, alcohol.
áfengisverzlun, f. wine shop, off-licence.
afferma, v. unload.
afgangur, m. remainder, rest.
afgirða, v. fence off, put a fence round.
afgreiða, v. attend to, serve (in shop).
afgreiðsla, f. delivery, forwarding, dispatch.
afgreiðslumaður, m. (shop-)assistant. agent.
afhenda, v. hand over, deliver.

afhending, f. delivery, handing over.
afi, m. grandfather.
afkasta, v. (w. dat.) accomplish, perform.
afklæða, v. undress.
afkomandi, m. descendant.
afl, n. force, power.
afla, v. (w. gen.) earn; acquire.
aflangur, a. oblong.
afleiðing, f. consequence, result
afleitur, a. outrageous.
afli, m. catch (of fish).
afmæli, n. birthday.
afmælisgjöf, f. birthday present
afneita, v. deny.
afnema, svt. abolish.
áform, n. purpose, intention, project.
áfram, adv. forward(s).
áframhaldandi, a. continuing.
afsaka, v. excuse; **a. sig**, apologise.
afskaplegur, a. enormous.
afskekktur, a. remote, out of the way.
afsláttur, m. discount.
afstaða, f. attitude, reaction.
afsökun, f. excuse, apology.
aftan, adv. from behind, behind.
aftar, compar. adv. further back.
aftra, v. (w. dat.) hinder, prevent.
afurðir, f. pl. produce, product(s).

agi, m. discipline.
ágirnd, f. avarice, greed.
ágizkun, f. guess, conjecture, surmise.
ágóði, m. gain, profit.
ágreiningur, m. disagreement, dispute.
ágrip, n. abridgement, summary.
ágætlega, adv. excellently.
ágætur, a. excellent, fine.
áhald, n. implement, tool, utensil.
áheyrandi, m. listener.
áheyrendur, m. pl. audience.
áhlaup, n. attack.
áhorfandi, m. spectator, onlooker.
áhrif, n. influence, impression.
áhugi, m. interest, zeal.
áhyggjur, f. pl. cares.
áhyggjufullur, a. anxious, worried.
áhætta, f. risk, hazard.
aka, sv. drive (in a car).
akkeri, n. anchor.
akstur, m. driving.
akur, m. field, arable land.
akuryrkja, f. agriculture.
ákveða, svt. decide.
ákæra, v. accuse.
ala, svt. give birth to; feed; **a. upp** bring up.
alda, f. wave.
aldamót, n. pl. turn of a century.

aldin, n. fruit.
aldingarður, m. orchard.
aldraður, a. elderly.
aldrei, adv. never.
aldur, m. age; **um langan a.**, for ages.
aleinn, a. alone.
álft, f. swan.
algengur, a. common.
algerlega. adv. completely, quite.
álit, n. appearance, looks; opinion.
álíta, svt. consider.
alls, adv. altogether; **a. konar**, of all kinds; **a. staðar**, everywhere.
alltaf, adv. always.
allur, a. all; **a. heimurinn**, the whole world.
almanak, n. calendar.
almennilegur, a. kind; good (of food etc.).
almenningur, m. the public, people.
almennur, a. common.
alræmdur, a. notorious.
alvara, f. earnest; **er þér a.**, are you serious?
alvarlegur, a. serious.
alveg, adv. quite.
álykta, v. conclude.
ályktun, f. conclusion, inference.
alþingi, n. parliament.

alþjóðlegur, a. international.
alþýða, f. the public, people.
amerískur, a. American.
áminna, v. admonish, reprimand.
áminning, f. reprimand, warning.
amma, f. grandmother.
án, prp. (w. gen.) without.
ánamaðkur, n. earthworm.
ananas, m. pineapple.
anda, v. breathe.
andast, v. breathe one's last, die.
andi, m. breath, spirit.
andlát, n. death.
andlegur, a. spiritual, mental.
andlit, n. face.
andskoti, m. devil.
andspænis, prp. (w. dat.) opposite.
andstyggilegur, a. disgusting, revolting.
andstæðingur, m. opponent.
andstæður, a. opposed (to).
andvaka, indecl. a. sleepless; **vera a.**, lie awake.
annar. a. & prn. other, another.
annarhvor, a. & prn. one (of two, either.
annars, adv. otherwise, else; really; **a. staðar**, adv. elsewhere.
annast, v. look after, take care of.
anza, v. (w. dat.) reply.

ánægður, a. pleased (about), content (with).
api, m. monkey, ape.
appelsína, f. orange.
apótek, n. chemist's (shop).
ár, n. year.
ár, f. oar.
árangur, m. result.
árás, f. attack.
árbók, f. year-book.
árbækur, f. pl. annals.
árdegi, n. forenoon; **árdegis**, adv. a.m.
áreiðanlegur, a. dependable, reliable.
árekstur, m. collision.
áreynsla, f. exertion.
arfur, m. inheritance.
áríðandi, a. urgent.
arinn, m. fireplace, hearth.
armband, n. bracelet.
armbandsúr, n. wrist watch.
áróður, m. agitation, propaganda.
árstíð, f. season (of year).
ártal, n. year, date (in years).
áræði, n. courage, daring.
ás, m. ace (in cards).
ásaka, v. accuse.
ásamt, prp. (w. dat) together with.
aska, f. ash(es).
asni, m. donkey; fool.

ást, f. love.
ástand, n. state, condition.
ástfanginn, a. in love.
ástríða, f. passion.
ástæða, f. reason, grounds.
ásökun, f. accusation.
át, n. eating.
atburður, m. event, incident.
athuga, v. consider, think over.
athugasemd, f. remark, observation.
athygli, f. attention.
athöfn, f. ceremony.
atkvæði, n. vote; syllable.
atóm-, prefix. atomic.
atómorka, f. atomic energy.
atómsprengja, f. atom bomb.
átt, f. direction.
áttaviti, m. compass.
atvik, n. incident.
atvinna, f. work, employment.
atvinnu-, prefix. professional.
auðmýkt, f. humility.
auðugur, a. wealthy, rich.
auður, a. empty, vacant.
auður, m. wealth, riches.
auðveldur, a. easy.
auðvitað, adv. of course.
auga, n. eye.

augabragð, n. moment, twinkling of an eye.
augabrún, f. eyebrow.
auglýsa, v. advertise, announce.
auglýsing, f. advertisement
augnablik = **augabragð**.
augnlæknir, m. eye-specialist, oculist.
auk, adv. besides; prp. (w. gen.) in addition to.
auka, svt. increase.
aumur, a. sore; miserable.
ausa, sv. bale, ladle.
austan, adv. from the east.
austur, n. the east; adv. east.
ávallt, adv. always.
ávarpa, v. address, speak to.
ávaxtamauk, n. jam.
ávísanabók, f. cheque book.
ávísun, f. cheque.
ávíta, v. rebuke, reprove.
ávöxtur, m. fruit.
axlabönd, n. pl. braces.
áætlun, f. intention, plan; time-table.

B

bað, n. bath.
baða, v. bathe; **b. sig**, have a bath.
baðherbergi, n. bathroom.

báðir, a. & prn. both; **bæði** .. **og**, both .. and.
baðmull, f. cotton, cotton wool.
báðumegin, adv. & prp. (w. gen.) on both sides (of).
baggi. m. pack, bundle.
bak, n. back.
baka, v. bake.
bakari, m. baker.
bakarabúð, f. baker's (shop).
bakdyr, f. pl. backdoor.
bakki, m. bank (of river); tray.
bakpoki, m. knapsack, haversack.
bál, n. flame.
ball, n. ball, dance.
bálstofa, f. crematorium.
banani, m. banana.
band, n. cord, string.
bandamaður, m. ally.
banka, v. knock.
bankaseðill, m. banknote.
bankastjóri, m. bank manager.
banki, m. bank.
bann, n. prohibition, ban.
banna, v. prohibit, ban.
banvænn, a. deadly, mortal.
bára, f. wave.
bardagi, m. fight, battle.
barki, m. windpipe.

barmur, m. brim, edge; bosom.
barn (pl. **börn**), n. child.
barnaskóli, m. elementary or primary school.
barnaveiki, f. diphtheria.
bati, m. recovery, improvement.
batna, vi. recover, get better, improve.
bátur, m. boat.
baun, f. bean, pea.
beiðni, f. request, petition.
bein, n. bone.
beinlínis, adv. directly, straight.
beinn, a. straight, direct.
beint, adv. straight, direct.
beiskur, a. bitter.
beizli, n. bridle.
beittur, a. sharp (of edge)
bekkur, m. bench.
belti, n. belt.
benda, v. point (**á** = **at**).
benzín, n. petrol.
ber, n. berry.
ber, a. bare, naked.
bera, sv. carry; **b. fram**, pronounce; **b. saman**, compare.
berfættur, a. bare-footed.
bergmál, n. echo.
berja, v. strike, hit, beat.
berjast, v. fight.

berklaveiki, f. tuberculosis.
bernska, f. childhood.
bersýnilegur, a. evident, obvious.
betla, v. beg.
betlari, m. beggar.
betri, compar. a. better.
betur, compar. adv. better.
beygja, f. & v. bend, curve.
beygjanlegur, a. flexible.
bezt, superl. adv. best.
beztur, superl. adj. best.
biblía, f. bible.
bíða, sv. wait.
biðill, m. suitor.
biðja, sv. ask, beg, pray.
biðstofa, f. waiting-room.
bifreið, f. (motor)car, = **bíll**.
bifreiðarstjóri, m. driver, taxi-driver.
bila, v. break down, fail.
bílastöð, f. taxi rank.
bílaverkstæði, n. garage (for repairs).
bíll, m. (motor)car, taxi.
bílstjóri, m. taxi-driver, chauffeur.
bilun, f. breakdown, failure.
binda, sv. bind, fasten, tie.
bindi, n. tie, bow; book, volume.
bíó, n. cinema, picture-house.
birgðir, f. pl. stores, provisions.

birgja, v. supply, furnish, provide (with).
birki, n. birch(wood).
birta, v. become light, brighten; publish.
birting, f. daybreak, dawn; announcement.
biskup, m. bishop.
bíta, sv. bite.
bitlaus, a. blunt (of edge).
bjalla, f. bell.
bjarga, v. (w. dat.) save, rescue.
bjartur, a. bright, light.
bjóða, sv. offer, invite.
bjór, m. beer.
björgun, f. rescue, salvage.
björgunarbátur, m. lifeboat.
björn, m. bear.
blað, n. leaf, blade; newspaper.
blaðamaður, m. journalist, reporter.
blaðsíða, f. page (of a book).
blanda, v. mix, blend.
blár, a. blue.
blása, sv. blow.
blautur, a. wet.
blek, n. ink.
blekkja, v. deceive.
blessa, v. bless; **ertu bless(aður)**, goodbye; **komdu bless(aður)**, hallo.

blettur, m. stain, spot, blot.
bleyta, v. soak, moisten, wet.
blindur, a. blind.
blóð, n. blood.
blóðnasir, f. pl. bleeding from the nose.
blóðsúthelling, f. bloodshed.
blóðugur, a. bloody, covered with blood.
blóm, n. flower.
blómkál, n. cauliflower.
blossi, m. blaze, flame.
blóta, v. curse, swear.
blotna, vi. get wet.
blússa, f. blouse.
blý, n. lead (metal).
blýantur, m. pencil.
blæða, v. bleed.
boð, n. offer, invitation; party.
bogi, m. bow, arch.
boginn, a. bent, arched.
bók (pl. **bækur**), f. book.
bókabúð, f. bookshop.
bókasafn, n. library.
bókaverzlun, f. = **bókabúð.**
bókhald, n. book-keeping, accountancy.
bókmenntir, f. pl. literature, letters.
bókstaflega, adv. literally.
bókstafur, m. letter (of alphabet).
bólga, f. inflammation, swelling.
bólgna, v. swell, become inflamed.

boli, m. bull.
bollapar. n. cup and saucer.
bolli, m. cup.
bolti, m. ball (to play with).
bolur, m. trunk (of tree or body); undervest.
bólusetja, v. vaccinate.
bón, f. request.
bón, n. polish, floor polish.
bóna, v. polish.
bóndabær, m. farm.
bóndi, m. farmer.
bónorð, n. proposal (of marriage).
bora, v. drill, bore.
borð, n. table.
borða, v. eat.
borðdúkur, m. table cloth.
borðstofa, f. dining-room.
borg f. town, city.
borga, v. pay.
borgari, m. citizen, townsman.
borgarstjóri, m. mayor.
borgun, f. payment.
botn, n. bottom.
botnlangabólga, f. appendicitis.
bráðinn, a. melted.
bráðlega, adv. soon, shortly, quickly.
bráðna, vi. melt.
bráðum, adv. soon, presently.

bragð, n. trick; taste.
bragða, v. taste.
braka, v. creak.
brattur, a. steep, precipitous.
brauð, n. bread.
braut, f. road, track, path.
bréf, n. letter.
bréfspjald, n. postcard.
breiða, v. spread.
breidd, f. breath, width.
breiður, a. broad, wide.
brekka, f. slope, hill-side.
bremsa, f. brake = **hemill.**
bremsa, v. brake, put the brakes on.
brenna, sv. burn.
brennisteinn, m. sulphur.
bresta, v. burst.
breyta, v. change, alter.
breyting, f. change, alteration.
brezkur, a. British.
brim, n. surf.
bringa, f. chest, breast.
brjálaður, a. mad.
brjóst, n. breast.
brjóstnál, f. brooch.
brjóta, svt. break.
broddur, m. point, spike.
bróðir (pl. **bræður**), m. brother.
brosa, v. smile.

brothættur, a. fragile, breakable.
brotna, vi, break.
brott, adv. away = **burt.**
brú, f. bridge.
brúa, v. bridge.
brúðkaup, n. wedding.
brúður, f. bride.
brugga, v. brew.
brúka, v. use, employ.
brún, f. edge, brow.
brunalið, n. fire-brigade.
brunastöð, f. fire-station.
bruni, m. fire, conflagration.
brúnn, a. brown.
brunnur, m. well, spring.
brúsi, m. can.
bryggja, f. jetty, pier.
brýna, vt. sharpen, whet.
bryti, m. steward.
bræða, vt. melt.
bú, n. household, farm.
búa, sv. live, dwell; farm.
búð, f. shop.
búðarborð, n. (shop) counter.
budda, f. purse.
bull, n. nonsense.
búningur, m. dress, attire, uniform.
búr, n. pantry, larder; cage.
bursta, v. brush.

bursti, m. brush.
burt(u), adv. = **brott.**
burtför, f. departure.
búsettur, a. resident, living at.
búskapur, m. farming; keeping house.
bústýra, f. housekeeper.
buxur, f. pl. trousers, underpants, knickers.
bygg, n. barley.
bygging. f. building, edifice.
byggja, v. build; inhabit.
bylgja, f. wave.
bylting, f. revolution.
bylur, m. blizzard, snowstorm.
byrgja, v. hide, cover up.
byrja, v. begin. start.
byrjun, f. start, beginning.
byssa, f. gun.
bæn, f. prayer.
bær, m. farm; town.
bæta, v. improve; repair, mend.
böggull, m. parcel, package.
bölva, v. swear, curse.

D

daðla, f. date (fruit).
daga. v. dawn, become light.
dagblað, n. newspaper, daily paper.

dagbók, f. diary.
daglaun, n. pl. daily wage.
daglegur, a. daily.
dagsbirta, f. daylight.
dagskrá, f. programme.
dagur, n. day.
dáinn, a. dead.
dálítill, a. very small, little.
dalur, m. valley.
dama, f. lady.
dans, m. dance.
dansa, v. dance.
danska, f. Danish (language).
danskur, a. Danish.
danssalur, m. dance hall.
dapur, a. sad, downcast.
dást, v. **d. að**, admire.
dauði, m. death.
dauðlegur, a. mortal.
dauður, a. dead.
dauðþreyttur, a. tired out, dead tired.
daufur, a. sad; dull, flat.
deig, n. dough.
deila. v. divide; quarre
deild, f. part, departme
deiling, f. division.
demantur, m. diamond
detta, sv. fall, tumble.
deyja, sv. die.

digur, a. stout, big.
dilkur, m. sucking lamb.
dimma, f. dark, darkness.
dimma, v. grow dark.
dimmur, a. dark.
diskur, m. plate.
dívan, m. divan, couch.
djarfur, a. bold.
djúp, n. the deep (sea).
djúpur, a. deep.
djöfull, m. devil.
dofinn, a. numb.
doktor, m. doctor, Ph. D.
dollari, m. dollar.
dómari, m. judge.
dómkirkja, f. cathedral.
dómsmálaráðherra, m. minister of justice.
dómstóll, m. court (of justice), tribunal.
dómur, m. judgement, verdict.
dós, f. tin (can).
dósamatur, m. tinned food.
dót, n. belongings, things.
dotta, v. nod, doze.
dóttir (pl. **dætur**), f. daughter.
draga, sv. draw, drag, pull.
dragt, f. (lady's) costume.
dramb, n. arrogance.
dráp, n. killing, slaughter.

dráttarvél, f. tractor.
draugur, m. ghost.
draumur, m. dream.
dreifa, v. scatter, spread.
drekka, sv. drink.
drekkandi, a. drinkable.
drekkja, vt. drown.
drengur, m. boy, young man.
drepa, sv. kill, slay.
dreyma, impers. v. **mig dreymdi**, I dreamt.
drjúpa, sv. drip.
dropi, m. drop (of liquid).
drottinn, m. ruler; God.
drottna, v. govern rule.
drottning, f. queen.
drukkinn, a. drunk.
drukkna, vi. drown.
drykkja, f. drinking.
drykkur, m. drink.
dúfa, f. pigeon, dove.
duft, f. powder.
duga, v. (w. dat.) help, aid; suffice.
duglegur, a. capable, energetic.
dúkka, f. doll.
dúkur, m. cloth, tablecloth.
dúnn, m. down, eiderdown.
dúnsæng, f. quilt, eiderdown.
dúr, m. nap, doze.

dúr, m. major (key in music).
dvelja, v. delay.
dveljast, v. remain.
dvergur, m. dwarf.
dvöl, f. stay stop.
dýfa, v. (w. dat.) dip.
dylja, v. hide, conceal.
dýpi, n. depth.
dýpka, v. deepen.
dyr, f. pl. door.
dýr, n. animal.
dýr, a. dear, expensive.
dyrabjalla, f. doorbell.
dýrafræði, f. zoology.
dýralæknir, m. veterinary surgeon.
dyravörður, m. (door) porter.
dýrð f. glory.
dýrka, v. worship.
dæla, f. & v. pump.
dæld, f. depression, hollow.
dæma, v. judge; sentence.
dæmi, n. example.
dögg, f. dew.
dögun, f. dawn.
dökkur, a. dark, darkish.

E

eða, conj. or.
edik, n. vinegar.

eðli, n. nature, innate character.
eðlisfræði, f. physics.
ef, conj. if.
efast, v., **e. um**, doubt, call in question.
efalauss, a. doubtless.
efi, m. doubt.
efla, v. strengthen, promote.
efna, v. carry out, fulfil (a promise).
efnaður, a. well off, rich.
efnalaug, f. dry cleaning.
efni, n. material, matter.
efnilegur, a. promising.
eftir, prp. (w. acc. & dat.) after, by; according to.
eftirfarandi, a. the following.
eftirför, f. pursuit.
eftirlíking, f. imitation
eftirlit, n. control, supervision.
eftirmatur, m. dessert.
eftirspurn, f. demand (for).
eftirtekt, f. attention, notice.
eftirvinna, f. overtime.
ég, prn. I.
egg, f. edge.
egg, n. egg.
eiður, m. oath.
eiga, v. own, possess, have; **e. að fara**, have to go; **e. heima**, live (at).
eigandi, m. owner, proprietor.

eigi, adv. not = **ekki.**
eigin, indecl. a. own.
eiginlega, adv. really, in fact.
eign, f. property, possession.
eilífur, a. eternal.
eimskip, n. steamship.
einangra, v. isolate, insulate.
einfaldur, a. simple.
einhleypur, a. single, unmarried.
einhnepptur, a. single-breasted.
einhver, prn. someone, somebody.
einhvers staðar, adv. somewhere.
eining, f. unity, unit.
einkadóttir, f. only daughter.
einkasala, f. monopoly.
einkasonur, m. only son.
einkenni, n. characteristic, distinctive feature.
einkennilegur, a. peculiar, queer.
einkum, adv. especially, particularly.
einlægni, f. sincerity.
einlægur, a. sincere: **þinn e.**, yours sincerely.
einmana, indecl. a. solitary; friendless.
einmitt, adv. just.
einnig, adv. also.
eins, adv. as, likewise; **eins og**, conj. as, as if; **eins .. og** as .. as.
einsamall, a. alone.

einstaklingur, m. individual.
einsöngur, m. solo (singing).
eintala, f. singular (grammatical).
einveldi, n. absolute power; monarchy.
eir, m. brass.
eitra. v. poison.
eitraður, a. poisonous.
eitur, n. poison.
ekkert, neut. prn. nothing.
ekki, adv. not, = **eigi**; **e. neinn**, no, none.
ekkja, f. widow.
ekkjumaður, m. widower.
ekla, f. lack, shortage.
ekta, indecl. a. genuine, authentic.
elda, v. cook.
eldast, v. grow old.
eldfimur, a. inflammable.
eldfjall, n. volcano.
eldgos, n. (volcanic) eruption.
eldhús, n. kitchen.
elding, f. lightning.
eldiviður, m. fuel.
eldri, compar. a. older, elder.
eldspýta, f. match; **eldspýtustokkur**, box of matches.
eldur, m. fire.
elli, f. old age.
elska, v. love.
elskhugi, m. lover, sweetheart.

elta, v. chase, pursue, follow.
elting, f. pursuit.
elztur, superl. a. oldest, eldest.
embætti, n. office, post, (official) position.
embættismaður, m. official.
en, conj. but.
enda, conj. and indeed, and what is more.
enda, v. end; fulfil.
endast, v. last.
endalaus, a. endless.
endi, m. end.
endilega adv. by all means.
endurbót, f. repair; reform.
endurnýja, v. renew.
engi, n. meadow, outfield.
engill, m. angel.
enginn, prn. no one, nobody.
Englendingur, m. Englishman.
enn, adv. still, yet.
enni, n. forehead; headland.
enska, f. English (language).
enskur, a. English.
epli, n. apple.
er, conj. when, as, because; prn. who, which, that.
erfa, v. inherit.
erfiði, n. toil, labour.

erfiðleiki, m. difficulty.
erfiður, a. difficult.
erindi, n. errand, business.
erindreki, m. agent.
erlendis, adv. abroad, in foreign lands.
erlendur, a. foreign.
ermi, f. sleeve.
espa, v. irritate, exasperate.
éta, sv. eat.
ey, f. island.
eyða, f. blank, gap, lacuna.
eyða, v. (w. dat.) destroy; squander, waste (money).
eyðilegging, f. destruction.
eyðileggja, v. destroy, spoil.
eyðsla, f. waste.
eyðslusamur, a. extravagant, wasteful.
eymd, f. misery.
eyra, n. ear; handle.
eyrir (pl. **aurar**), m. 1/100th part of a **króna**.

F

fá, sv. get, obtain.
fáanlegur, a. obtainable.
faðir (pl. **feður**), m. father.
faðma, v. embrace.
faðmur, m. fathom.

fáeinir, pl. a. a few, very few.
fága, v. polish, cleanse.
fagur, a. beautiful, fair.
fágætur, a. rare.
fáir, pl. a few.
fálki, m. falcon.
fall, n. fall. downfall.
falla, v. falla, be killed.
fallbyssa, f. gun, cannon.
fallegur, a. beautiful.
fallhlíf, f. parachute.
falsa, v. forge, falsify.
falskur, a. false; **syngja falskt**, sing out of tune.
fangelsi, n. prison, goal.
fangi, m. prisoner.
fáni, m. flag.
far, n. journey, passage.
fara, sv. go; **f. vel** (w. dat.) suit, fit well (of clothes).
farangur, m. luggage.
farast, sv. be killed, perish, die.
fargjald, n. fare.
farmgjald, n. freight, freightage.
farmiði, m. ticket (for a journey).
farmur, m. cargo.
farþegi, m. passenger.
fasteign, f. property, real estate.
fastur, a. fixed, firm, fast.

fat, n. dish; garment; **föt**, n. pl. clothes, suit (of clothes).
fata, f. bucket, pail.
fatnaður, m. clothing, clothes.
fátækt, f. poverty.
fátækur, a. poor, indigent.
fé, n. property, money; sheep, livestock.
feginn, a. glad, pleased.
fegurð, f. beauty.
féhirðir, m. treasurer, cashier.
feiminn, a. shy.
feiti, f. fat, grease.
feitur, a. fat.
fela, sv. hide, conceal.
félag n. society; company, partnership.
félagi, m. comrade, partner, companion.
fella, v. throw down, fell.
felustaður, m. hiding-place.
ferð, f. journey; speed.
ferðaáætlun, f. time-table.
ferðafélag, n. tourist club, tourist society.
ferðalag n. trip, journey.
ferðamaður, m. traveller, tourist
ferðast, v. travel.
ferhyrndur, a. square.
ferja, f. & v. ferry.
ferma, v. confirm (a child); load (a boat).

festa, v. fasten, fix.
festi, f. chain, cable.
fiðla, f. violin, fiddle.
fiðrildi, n. butterfly.
fífl, n. fool, idiot.
fimleikar, m. pl. gymnastics, physical training.
fingur (pl. **fingur**), m. finger..
fínn, a. fine, dressy.
finna, sv. find; **f. til**, feel; **mér finnst**, I think.
firma, f. firm.
fiska, v. fish.
fiskur, m. fish.
fita, f. fat, grease.
fitna, vi. grow fat.
fjall (pl. **fjöll**), n. mountain.
fjandmaður, m. enemy.
fjandsamlegur, a. hostile.
fjara, f. beach; ebb, low tide.
fjarlægð, f. distance.
fjarlægur, a. distant, remote.
fjármálaráðherra, m. finance minister, Chancellor of the Exchequer.
fjarri, adv. far away, far off.
fjarstaddur, a. absent, away.
fjarvera, f. absence.
fjarverandi, a. absent.
fjós, n. cattle shed, cow-house.

fjúka, svi. blow away.
fjöður (pl. **fjaðrir**), f. feather.
fjöldi, m. a great number, very many.
fjölga, v. increase in number.
fjölskylda, f. family.
fjörður (pl. **firðir**), m. fjord, firth.
fjörugur, a. lively.
flá, v. skin, flay.
flagg. n. flag.
flagga, v. put out flags.
flaggstöng, f. flag-staff, flag pole.
flaska, f. bottle.
flatur, a. flat, level.
fleiri, compar. a. more.
flesk, n. bacon, ham; pork.
flestir, superl. a. most.
fleygja, v. (w. dat.) throw away.
flibbi, m. collar.
fljót, n. wide river.
fljóta, sv. float.
fljótlega, adv. quickly.
fljótur a. quick, fast.
fljúga, sv. fly, go by air.
flóð, n. flood, high tide.
flói, m. bay, broad fjord.
flokka, v. classify, group.
flokkur, m. flock, company, class, (political) party.
floti, m. fleet, navy.

flóttamaður, m. fugitive, refugee.
flótti, m. flight; **leggja á flótta**, take a flight.
flug, n. flight, flying.
fluga, f. fly.
flugher, n. air force.
flugmaður, m. airman, pilot.
flugstöð, f. air-base.
flugvél, f. aeroplane.
flugvélaskip, n. aircraft carrier.
flugvöllur, m. aerodrome.
flutningaskip, n. cargo vessel, tramp.
flutningur, m. transport, conveyance.
flýja, v. flee, run away from.
flýta. v. hasten; **f. sér**, hurry.
flytja, v. carry, transport; move (house).
fóðra, v. feed (livestock); line (garments).
fóður, n. fodder; lining (in garments).
folald, n. foal.
fólk, n. people.
fólksfjöldi, m. population.
forða, v. (w. dat.) save; **forðast**, avoid, shun.
forði, m. supply.
forðum, adv. formerly, long ago.
foreldrar, m. pl. parents.
foringi, m. leader, officer.
form, n. form, pattern, shape.

formaður, m. chairman.
formáli, m. preface, foreword, preamble
forn, a. old, ancient, antique.
fórna, v. (w. dat.) sacrifice.
fornafn, n. Christian name; pronoun.
forseti, m. president.
forstjóri, m. director.
forstofa, f. hall, entrance hall.
forsætisráðherra, m. prime minister, premier.
forusta, f. leadership.
forvitinn, a. curious, inquisitive.
foss, m. waterfall, foss.
fótbrotna, vi. break one's leg.
fótgangandi, a. walking, on foot.
fótgönguliðð, n. infantry.
fótleggur, m. leg.
fótspor, n. footprint, footstep.
fótur (pl. **fætur**), m. foot; **fara á fætur**, get out of bed, get up.
fótviss, a. sure-footed.
frá, prp. (w. dat.) from, off; adv. away.
frábær, a. excellent.
frádráttur, m. subtraction.
fráfall, n. death.
Frakki, m. Frenchman.
frakki, m. coat, overcoat.
fram, adv. forward.

framan, adv. from the front, from in front.

framar, compar. adv. farther on, further.

framburður, m. pronunciation.

framfęrði, n. conduct, behaviour.

framför, f., **framfarir,** f. pl. progress.

framhald, n. continuation.

framhaldssaga, f. serial (story).

framkoma, f. manner, demeanour, deportment.

framkvæma, v. perform, bring about, carry out.

framleiða, v. produce, manufacture.

framleiðsla, f. production, manufacture, produce.

framlengja, v. prolong.

frammi, adv. out, away.

framtíð, f. future.

framvegis, adv. in the future; **og svo f.,** etc. et cetera.

franska, f. French (language).

franskbrauð, n. white bread.

franskur, a. French.

fregnir, f. pl. news.

freista, v. tempt.

freisting, f. temptation.

frelsa, v. set free, liberate; save.

frelsari, m. Saviour.

frelsi, n. freedom, liberty.
fremja, v. perform; commit (an offence)
fresta, v. (w. dat.) postpone, put off, delay.
frestur, m. delay, respite.
frétta, v. hear, get news of.
fréttaritari, m. (newspaper) correspondent).
fréttir, f. pl. news.
frí, n. holiday, vacation.
friðarsamningur, m. peace treaty.
friðsamur, a. peaceful.
friður, m. peace.
fríður, a. handsome, pretty.
frímerki, n. (postage) stamp.
frískur, a. well, in good health.
frjáls, a. free, independent.
frjósa, svi. freeze.
frost, n. frost.
frú, f. Mrs.
frumrit, n. original (text).
frysta, vt. freeze.
fræ, n. seed.
fræða, v. instruct, inform.
frægð, f. fame.
frægur, a. famous, well-known.
frændfólk, n. relations, relatives.
frændi, m. (male) cousin.
frændsemi, f. relationship.

frænka, f. (female) cousin.
fugl, m. bird.
fúinn, a. rotten, decayed.
fullgera, v. finish, complete.
fullkominn, a. perfect.
fullnægja, v. (w. dat.) satisfy, fulfil.
fullorðinn, a. grown-up.
fulltrúi, m. representative, deputy.
fullur, a. full; drunk.
fullvissa, f. certainty, assurance.
fullvissa, v. assure.
fullyrða, v. affirm, assert.
fúna, v. rot, decay.
fundur, m. meeting.
furða, f. wonder, marvel.
fús, a. willing, eager.
fylgd, f. attendance, guidance.
fylgja, v. (w. dat.) accompany; follow.
fylla, v. fill.
fyrir, prp. (w. acc. & dat.) before, in front of, for.
fyrirfram, adv. in advance, beforehand.
fyrirgefa, sv. forgive.
fyrirhöfn, f. trouble, difficulty.
fyrirkomulag, n. arrangement, organisation.
rirlestur, m. lecture.
fyrirliggjandi, a. available, at hand, in stock.

fyrirlíta, sv. despise.
fyrirmynd, f. model, example; ideal.
fyrirsát, f. ambush.
fyrirskipa, v. order, prescribe.
fyrirskipun, f. order, command.
fyrirspurn, f. enquiry.
fyrirtæki, n. undertaking, business; firm
fyrirvaralaust, adv. without notice, straightway.
fyrirvari, m. notice; reserve.
fyrirætlun, f. intention, plan.
fyrr, adv. before, sooner.
fyrri. compar. a. former.
fæði, n. food; **f. og húsnæði**, board and lodgings.
fægja, v. polish.
fælinn, a. (of a horse) shy, nervous.
fær, a. able. capable.
færa, v. bring, move.
föðurland, n. native land.
föðurlandsást, f. patriotism.
fölna, vi. turn pale, grow pale.
fölsun, f. falsification; forgery.
fölur, a. pale.
fönn, f. snow-drift.
för, f. journey.

G

gá, v. look; **g. að**, look at, attend to.
gabba, v. mock.
gaddavír, m. barbed wire.
gáfa, f. gift, talent; **gáfur**, f. pl. ability, intelligence.
gáfaður, a. gifted, clever.
gaffall, m. fork.
gafl, m. gable.
gagn, n. gain, advantage, use, profit.
gagnauga, n. temple, side of the head.
gagnfræðaskóli, m. secondary modern school.
gagnlegur, a. useful.
gagnrýna, v. criticize.
gagnrýni, f. criticism.
gagnslaus, a. useless.
gagnsær, a. transparent.
gagnvart, prp. (w. dat.) opposite (to).
gala, v. crow.
galdur, m. magic, sorcery.
gallaður, a. faulty.
galli, m. fault, flaw.
gamall, a. old.
gaman, n. fun, amusement.
gamlárskvöld, n. New Year's Eve.
ganga, sv. walk.

gangstétt, f. pavement.
gangur, m. walking, gait; passage, corridor.
garður, m. garden, yard; fence, wall.
gardína, f. curtain.
garn, n. yarn, twine.
gas, n. gas.
gat, n. hole, gap.
gata, f. street, road, path.
gáta, f. riddle, puzzle.
gatnamót, n. cross-roads, road-junction.
gaumur, m. attention, notice; consideration.
geð, n. temper, disposition.
geðgóður, a. good-tempered.
geðillur, a. bad-tempered = **geðvondur**.
geðjast, impers. v. please.
geðveiki, f. mental derangement.
geðveikur, a. mentally deranged.
geðvondur, a. bad-tempered.
gefa, sv. give, grant.
gefins, adv. free, gratis.
gegn, prp. (w. dat.) against; **(í) gegnum**, (w. acc.), through.
gegna, v. (w. dat.) obey; answer.
gegnt, prp. (w. dat.) opposite (to).
geisa, v. rave, rage.
geisli, m. ray, beam.
geispa, v. yawn.

geit, f. goat.
gelta, v. bark, bay.
gengi, n. rate of exchange.
gengisfelling, f. devaluation.
gera, v. do, make.
gerð, f. make, kind.
gerlar, m. pl. bacteria.
gerilsneyða, v. pasteurize.
gestgjafi, m. host, landlord.
gestrisinn, a. hospitable.
gestur, m. guest.
geta, sv. beget (a child); guess (w. gen.); auxiliary v., be able to.
geyma, v. keep, preserve.
geymir, m. container, tank, reservoir.
geymsla f. keeping; store-room, storage space.
gifta, vt. give in marriage, marry.
giftast, v. get married to, marry.
gifting, f. marriage, wedding.
gigt, f. rheumatism, rheumatics.
gilda, v. be worth, be valid.
gildi, n. worth, value.
gildra, f. trap.
gimsteinn, m. gem, precious stone.
girða, v. fence, put a fence round.
girðing, f. fence.
gista, v. pass the night (at), stay (at).
gistihús, n. hotel, inn.

gizka, v. guess.
gjá, f. ravine, gorge.
gjald, n. payment.
gjalda, sv. pay; (w. gen.) suffer for.
gjaldeyrir, m. currency.
gjaldkeri, m. cashier.
gjarna(n), adv. willingly.
gjósa, sv. gush, spout.
gjöf, f. gift, present.
glaðlegur, a. cheerful.
glaðlyndi, f. cheerfulness.
glaður, a. glad, cheerful.
glápa, v. stare (**á** = at).
glas, n. small bottle; glass (of liquid).
gleði, f. joy, gladness.
gleðilegur, a. joyful; **gleðileg jól**, Merry Xmas; **gleðilegt nýár**, Happy New Year.
gler, n. glass.
gleraugа, n. glass eye.
gleraugu, n. pl. spectacles, glasses.
gleyma, v. (w. dat.) forget.
gleypa, v. swallow.
glíma, v. wrestle.
gljá, vi. shine, glitter.
glóa, vi. shine, glow.
glóðarauga, n. black eye.
glotta, v. sneer, leer; grin.
gluggatjald, n. curtain, blind.

gluggi, m. window.
glæpamaður, m. criminal.
glæpur, m. crime.
gnæfa, v. tower (over).
gnægð, f. abundance, plenty.
góður, a. good; kind.
góðvild, f. kindness.
gola, f. (light) breeze.
gólf, n. floor.
gólfdúkur, m. linoleum.
gólfteppi, n. carpet, rug.
gómur, m. palate; finger-tip.
grafa, sv. dig, bury.
gráhærður, a. grey-haired.
gramm, n. gramme.
grammófónn, m. gramophone.
grammófónsplata, f. (gramophone) record.
gramur, a. vexed.
grannur a. slim, slender.
grár, a. grey.
gras, n. grass.
gráta, sv. weep, cry.
grátur, m. weeping, crying.
grautur, m. porridge.
greiða, v. comb; pay.
greiði, m. service, favour good turn.
greiðsla, f. payment.
grein, f. branch, bough; essay, article.

greindur, a. intelligent, discerning.
greinilega, adv. distinctly.
gremja, f. annoyance, vexation, indignation.
grimmur, a. cruel, savage.
grípa, sv. seize, grasp.
grjót, n. stone, rocks.
gróa, svi. heal; grow.
gróði, m. profit, gain.
gróðrarhús, n. hot-house, greenhouse.
gróður, m. growth, vegetation.
gruna, impers. v. suspect.
grundvöllur, m. foundation.
grunnur, a. shallow.
grunsamur, a. suspicious.
grunsemd, f. suspicion.
grunur, m. suspicion, misgiving.
grýttur, a. stony.
græða, vt. heal; make money.
grænmeti. n. vegetables.
grænn, a. green.
grænsápa, f. soft soap.
gröf, f. grave, pit.
guð, m. God.
guðfræði, f. theology.
guðlaus a. godless.
guðhræddur, a. god-fearing.
guðleysi, n. impiety; atheism.
guðspjall, n. gospel.

guðsþjónusta, f. divine service.
gufa, f. steam, vapour.
gufuskip, n. steamship, steamer.
gufuvél, f. steam-engine.
gull, n. gold.
gullsmiður, m. goldsmith.
gulrót (pl. **gulrætur**), f. carrot.
gulur, a. yellow.
gúmmí, n. rubber.
gylla, v. gild.
gæði, n. pl. benefit; quality.
gæfa, f. good luck.
gær, adv. **í gær**, yesterday.
gæra, f. sheepskin.
gærkvöld, n. **í gærkvöldi**, yesterday evening, last night.
gæs, f. goose.
gæsalappir, f. pl. inverted commas, quotation marks.
gæta, v. (w. gen.) take care of, watch.
gætilega, adv. cautiously, carefully.
gætinn, a. cautious, careful.
göfugur, a. noble, generous.
göng, n. pl. passage, corridor.
göngustafur, m. walking-stick.
götudyr, f. pl. front door, outer door.
götuhorn, n. street corner.

H

ha, interjection what? pardon?
háaldraður, a. very old.
háð, n. mockery, ridicule.
hádegi, n. noon, midday.
háðung, f. shame, disgrace.
háður, a. dependent (on).
haf, n. sea, ocean.
hafa, v. & auxiliary v. have.
hafís, m. polar ice.
hafna, v. (w. dat.) refuse, reject.
hafnarbær, m. port, seaport.
hafnbann, n. blockade.
hafrar, m. pl. oats.
haframjöl, n. porridge oats, oatmeal.
haga, v. (w. dat.) arrange, manage; **h. sér**, behave.
hagi, m. pasture, pasture-land.
hagl, n. hail.
hagnýta, v. make (profitable) use of.
hagnýting, f. use, employment.
hagnýtur, a. practical.
hagskýrsla, f. statistical report.
hagsmunir, m. pl. interest, profit.
hagur, m. condition; advantage.
haka, f. chin.
hákarl, m. shark.

hald, n. grasp, arrest, custody.
halda, sv. hold; believe, think.
hálendi, n. plateau, highland.
hálfbróðir, m. half-brother.
hálftími, m. half an hour.
hálfur, a. half.
hálfviti, m. half-wit.
hali, m. tail (of cow).
hálka, f. slipperiness.
háll, a. slippery.
halla, v. lean, slope, incline.
halli, m. slope; loss.
hallæri, n. dearth, famine.
hálmur, m. straw.
háls, n. neck, throat; hill.
hálsbindi, n. (neck) tie.
hálsklútur, m. (neck) square, necker.-chief.
haltra, v. limp.
haltur, a. lame.
hamar, m. hammer; cliff.
hámark, n. maximum.
hamingja, f. luck. good fortune, happiness.
hamingjusamur, a. happy. lucky.
hamra, v. hammer.
handbók, f. handbook, manual.
handfang. n. handle.
handiðnaður, m. handicraft.

handjárn, n. pl. handcuffs.
handklæði, n. towel.
handleggur, m. arm.
handrið, n. handrail, bannister.
handrit, n. manuscript.
handtaka, sv. seize, arrest, capture.
handtaska, f. handbag.
hanga, svi. hang: **h. um**, hang bout.
hani, m. cock(erel).
hann, hún, það, prn. he, she, it.
hanzki, m. glove.
happ, n. luck, chance.
happdrætti, n. lottery.
hár, a. high, tall.
hár, n. hair.
harðfiskur, m. hardfish, dried fish.
harðna, vi. harden, become hard.
harðsoðinn, a. hard-boiled.
harður, a. hard, stern.
hárgreiðslustofa, f. hairdresser's (shop).
harka, f. severity; hard frost.
harma, v. lament.
harmur, m. sorrow.
hárnál, f. hair-pin.
hárskeri, m. barber, hair-cutter.
hás, a. hoarse.
háseti, m. deckhand, seaman.
háskóli, m. university.
háspenna, f. high-tension.

hásæti, n. throne, high-seat.
hátalari, m. loudspeaker.
hata, v. hate.
hátíð, f. festival, holiday, feast day.
hátta, vi. go to bed.
hátta, v. (w. dat.) arrange, dispose.
hattur m. hat.
háttur, m. mode, manner, way.
hatur, n. hate, hatred.
haus, m. head.
haust, n. autumn.
hávaði, m. noise.
hávær, a. noisy, boisterous.
héðan, adv. from here, hence.
hefill, m. plane (for wood).
hefja, sv. lift, raise.
hefla, v. plane (wood).
hefna, v. avenge, revenge.
hefnd, f. revenge, vengeance.
hegðun, f. conduct, behaviour.
hegna, v. (w. dat.) punish.
heiðarlegur, a. honest, honourable.
heiðinn, a. heathen.
heiðra, v. honour.
heiður, m. honour.
heilagur, a. holy, sacred.
heilbrigði, f. health.
heilbrigður, a. healthy.
heildsala, f. wholesale.

heildsali, m. wholesaler.
heili, m. brain.
heilræði, n. good advice.
heilsa, v. (w. dat.) greet.
heilsa, f. health.
heilsugóður, a. in good health, well.
heilsulaus, a. in poor (bad) health.
heim, adv. home.
heima, adv. at home; **eiga h.**, live.
heiman. adv. from home.
heimboð, n. invitation, party.
heimild, f. authority; source (of information; permission.
heimili, n. home.
heimilisfang n. address (on letter).
heimskaut, n. pole; **norðurh.**, north pole
heimsókn, f. visit.
heimspeki, f. philosophy.
heimskur, a. stupid, foolish.
heimsækja, v. visit.
heimta, v. demand.
heimur, m. world.
heita. svi. be called; **h.**, (w. dat.) promise; **h. á**, invoke.
heiti, n. name, term.
heitur, a. hot, warm.
heldur, compar. adv. rather; conj. but; **heldur** .. **en**, rather .. than.
helgidagur, m. holiday, feast day.

hella, v. (w. dat.) pour.
hellir, m. cave.
helmingur, m. half.
helztur, superl. a. chief, most important
hemill, m. brake = **bremsa.**
henda, v. (w. dat.) throw, fling.
hengja, vt. hang, hang up.
henta, v. (w. dat.) suit, be convenient (to).
hentugur, a. suitable, convenient.
heppinn, a. lucky, fortunate.
heppnast, v. succeed.
heppni, f. good fortune.
her, m. army.
hér(na), adv. here.
hérað, n. district.
herbergi, n. room.
herbúðir. f. pl. army camp.
herbúnaður, m. armament.
herða, vt. harden, temper.
herðar, f. pl. shoulders.
herðatré, n. coat-hanger.
herfang, n. booty, plunder.
herforingi, m. (army) officer.
hergögn, n. pl. arms, armament.
hermaður, m. soldier.
hermálaráðherra, m. minister of war.
hernaður, m. war, warfare.
herra, m. Mr.; Sir.

herráð, n. council of war.
hershöfðingi, m. (army) general.
herskip, n. naval vessel, man-of-war.
hersveit, f. troops; regiment.
hér um bil. adv. about.
herþjónusta, f. military service.
hesthús, n. stable.
hestur, m. horse, pony; stallion.
hetja. m. hero.
hettusótt, f. mumps.
hey. n. hay.
heyja, v. make hay.
heyra, v. hear, listen.
heyrn, f. (sense of) hearing.
heyrnarlaus, a. deaf.
heyrnarleysi, n. deafness.
hik, n. hesitation.
hika, v. hesitate.
hilla, f. shelf.
himinn, m. heaven, sky.
himnaríki, n. (kingdom of) heaven.
hindra, v. hinder, impede.
hingað, adv. here, hither.
hinn, hin, hið; definite article, the.
hinn, hin, hitt; prn. that, that one, the other.
hinumegin, adv. & prp. (w. gen.) on the other side (of).
hirð, f. court.

hirðulaus, a. careless.
hissa, indecl. a. surprised, astonished.
hita, vt. heat.
hitabrúsi, m. thermos flask. vacuum flask.
hitamælir, m. thermometer.
hiti, m. heat, warmth.
hitta, v. meet, come across, find, visit.
hixta, v. hiccup.
hixti, m. hiccup.
hjá, prp. (w. dat.) with, near.
hjálmur, m. helmet.
hjálp, f. help, aid, assistance.
hjálpa, v. (w. dat.) help.
hjarta, n. heart.
hjól, n. wheel; bicycle.
hjóla, v. cycle.
hjólbörur, f. pl. wheel-barrow.
hjón, n. pl. married couple.
hjúkra, v. nurse.
hjúkrun, f. nursing.
hjúkrunarkona, f. nurse.
hlaða, f. barn.
hlaða, sv. load; charge (an accumulator); build (a wall).
hlaðinn,, a. charged; built of bricks.
hlakka, v. **hl. til** (w. gen.) look forward to.
hlátur, m. laughter.

hlaupa, sv. run.
hlaupár, n. leap-year.
hlemmur, m. lid, cover.
hleri, m. lid, shutter, trap-door.
hlið, f. side.
hlið, n. gate.
hlíð, f. slope, hill side.
hlífa, v. (w. dat.) shelter, protect.
hljóð, n. sound; hearing.
hljóða, v. cry out, scream.
hljóðfæri, n. musical instrument.
hljóðlaus, a. silent, without a sound.
hljóðstafur, m. vowel.
hljóma, v. sound.
hljómleikar, m. concert, music.
hljómsveit, f. orchestra.
hljóta, auxiliary sv. **h. að**, must, have to.
hlóðir, f. pl. fireplace.
hlusta, v. listen; (**á** = to).
hlutafélag, n. limited company, joint-stock company.
hlutdrægur, a. partial.
hluti, m. lot, share, portion.
hlutlaus, a. neutral.
hlutur, m. thing, part.
hlutverk, n. task, role.
hlýða, v. (w. dat.) obey.
hlýðinn, a. obedient.
hlýna, vi. become warm.

hlýr, a. warm, mild.
hlægilegur, a. ridiculous, laughable.
hlæja, sv. laugh.
hnakkur, m. saddle.
hnappagat, n. buttonhole.
hnappur, m. button, stud.
hné, n. knee.
hnefi m. fist.
hneigja, v. bow down.
hneppa, v. button (up).
hnerra, v. sneeze.
hnífur, m. knife.
hníga, sv. sink (down).
hnot (pl. **hnetur**), f. nut.
hnúi, m. knuckle.
hnútur, m. knot.
hnýta, v. tie (in a knot), bind.
hnöttur, m. ball; globe.
hóflegur, a. moderate.
hófsamur, a. temperate.
hól, n. praise, flattery.
hola, v. hollow out, make a hole in.
hóll, m. hillock.
hollur, a. wholesome, good (for one).
holur, a. hollow.
hópur, m. crowd, flock.
horaður, a. lean, emaciated.
horfa, v. look (**á** = at).
horfinn, a. disappeared, out of sight.

horfur, f. pl. prospect(s), outlook.
horn, n. corner, angle; horn.
hósta, v. cough.
hósti, m. cough.
hóta, v. (w. dat.) threaten.
hótel, n. hotel.
hótun, f. threat, menace.
hraða, v. (w. dat.) hasten.
hraði, m. speed, haste.
hráefni, n. raw material.
hrafn, m. raven.
hráolía, f. crude oil.
hrapa, v. fall, tumble down.
hrár, a. raw.
hrasa, v. stumble.
hraun, n. lava.
hraustur, a. bold, valiant, brave; healthy.
hreiður, n. nest.
hreindýr, n. reindeer.
hreinlæti, n. cleanliness.
hreinn, a. clean.
hreinsa, v. clean, dry clean.
hreppsnefnd, f. parish council.
hreppstjóri, m. sheriff.
hreppur m. district (in the country), parish.
hressa, vt. refresh; **hressast**, be refreshed, cheer up.

hressing, f. refreshment.
hreyfa, vt. move.
hreyfing, f. motion, movement.
hreysti, f. bravery. valour.
hríð, f. snowstorm.
hrinda, sv. (w. dat.) push.
hringja, v. ring; telephone.
hringur, m. ring.
hrísgrjón, n. pl. rice.
hrista, v. shake.
hrjóta, sv. snore.
hroki, m. insolence, arrogance.
hrollur, m. shiver.
hróp, n. cry. shout.
hrópa, v. shout, call out, cry out.
hrós, n. praise.
hrósa, v. (w. dat.) praise.
hross, n. horse; mare.
hrúga, f. & v. (w. dat.) heap.
hrukka, f. wrinkle.
hrukkóttur, a. wrinkled.
hrun, n. downfall, collapse, ruin.
hryggð, f. grief, sadness, sorrow.
hryggja, v. grieve.
hryggur, a. sad.
hryggur, m. backbone, spine.
hryllilegur, a. horrible.
hrynja, v. fall, tumble (down).
hryssa, f. mare.

hræða, v. frighten, scare; **hræðast**, fear, be afraid.
hræddur, a. frightened, afraid.
hræðsla, f. fear, terror.
hræra, vt. stir, move.
hræsnari, m. hypocrite.
hræsni, f. hypocrisy.
húð, f. skin, hide.
húfa, f. cap.
hugga, v. comfort, console.
huggun, f. comfort, consolation.
hugleysi, n. cowardice.
hugmynd, f. idea, notion.
hugsa, v. think.
hugsandi, a. thoughtful, thinking.
hugsanlegur, a. imaginable, conceivable.
hugsjón, f. ideal.
hugsjónamaður, m. idealist.
hugsun, f. thought.
hugsunarlaus, a. thoughtless.
hugur, m. mind; courage.
huldufólk, n. fairies.
hún, see **hann.**
hunang, n. honey.
hundrað, n. hundred.
hundur, m. dog.
hungraður, a. hungry, starving.
hungur, n. hunger.
húnn, m. knob, handle.

hurð, f. door.
hús, n. house.
húsaleiga, f. rent.
húsbóndi, m. head of the family, master of the house.
húsbrot, n. house-breaking, burglary.
húsfreyja, f. mistress of the house.
húsgögn, n. pl. furniture.
húsmóðir, f. mistress of the house.
húsmæðraskóli, m. domestic science college.
húsnæði, n. lodgings.
hvað, prn. what.
hvaða, indecl. a. & prn. what.
hvaðan, adv. from where, whence.
hvalur, m. whale.
hvar, adv. where.
hvass, a. sharp (of edge), keen; strong (of wind).
hveiti, n. wheat.
hvenær, adv. when.
hver, prn. who, which, what; a. every, each.
hver. m. hot-spring.
hverfa, sv. disappear.
hverfi, n. quarter (of a town), district.
hvergi, adv. nowhere.
hvernig, adv. how.
hvers konar, adv. of what kind.

hvers vegna, adv. why = **af hverju.**
hvert, adv. where to, whither.
hvessa, v. sharpen; increase (of wind).
hvíla, v. rest.
hvíld, f. rest.
hvísla, v. whisper.
hvítasunnudagur, m. Whitsunday.
hvítur, a. white.
hvor, prn. who, which (of two).
hvorki, conj., **h.** .. **né**, neither .. nor.
hvort, conj. if, whether.
hvortveggja, prn. each of two, both.
hvorugur, prn. neither.
hyggilegur, a. prudent.
hyggindi, n. pl. prudence.
hygginn, a. prudent, wise.
hyggja, v. think, be of the opinion.
hylja, v. hide, conceal, cover.
hýsa, vt. house, lodge.
hæð, f. height, hill; floor, storey.
hæfa, v. hit; (w. dat.) be fitting or proper.
hæfur, a. suitable, fit.
hæglátur, a. quiet. easy-going.
hægri, a. right; **hægra megin**, on the right-hand side.
hægur, a. easy, quiet; **er það hægt**, is it possible?
hægt, adv. slowlv.

hækka, v. rise, grow taller; increase, raise.
hæla, v. (w. dat.) praise, flatter.
hæli, n. asýlum, place of refuge; hospital
hæll, m. heel.
hæna, f. hen.
hænsni, n. pl. poultry.
hænsnakjöt, n. chicken.
hæsi, f. hoarseness.
hætta, f. danger.
hætta, v. (w. dat.) cease, stop.
hættulegur, a. dangerous.
höfn, f. harbour.
höfuð, n. head.
höfuðborg, f. chief town, capital.
höfuðverkur, m. headache.
höfundur, m. author.
högg, n. blow, stroke.
höggva, sv. hew, stike.
höll, f. palace.
hönd (pl. **hendur**), f. hand.
hörgull, m. scarcity, dearth.
hörund, n. skin.

I, Í

í, prp. (w. acc. & dat.) in, into, during
íbúð, f. flat, apartment

íbúðarhús, n. dwelling-house; **stórt í.**, block of flats
íbúi, m. inhabitant
iðinn, a. diligent
iðja, f. work, task
iðjulaus, a. idle
iðjuleysi, n. idleness
iðn, f. occupation, trade, business
iðnaðarmaður, m. artisan, craftsman
iðnaður, m. industry
iðni, f. diligence, industry
iðnskóli, m. technical school
iðrast, v. (w. gen.) repent (of)
iðrun, f. repentance
íhald, n. conservatism
íhaldsflokkur, m. conservative party
íhaldssamur, a. conservative
íhaldsmaður, m. conservative
íhuga, v. consider, think about, meditate on
il, f. sole of the foot
ílát, n. vessel, receptacle
illa, adv. badly
illgjarn, a. malicious, evil-natured
illmenni, n. wicked, cruel person
illur, a. bad, evil, ill
illverk, n. evil deed
illviðri, n. bad weather
illvirki, m. evil-doer

illvirki, n. evil doer
ilmur, m. fragrance, odour
ilmvatn, n. scent, perfume
ímynd, f. image
indæll, a. delightful
inflúenza, f. influenza, flu
inn, adv. in (of motion)
innan, adv. from within; **i. í**, prp. (w. dat.) inside; **inni**, prp. (w. gen.) within
innanlands, adv. & prefix. within the country, internal
innanríkisráðherra, m. minister for internal affairs, Home Secretary
innar, compar. adv. further in
innblása, vt. inspire
innblástur, m. inspiration
innbrot, n. burglary
innbrotsþjófur. m. burglar
innflutningsleyfi, n. import licence
innflutningur, m. import, importing
inngangur, m. entrance
innheimta, f. collection
innheimta, v. collect
inni, adv. inside, indoors
innifalinn, a. included (**í** = in)
innihald, n. content(s).
innkaup. n. purchase
innlendur, a. domestic, native

innri, compar. a. inner
innsigla, v. seal
innsigli, n. seal
innstur, superl. a. innermost
innvortis, adv. internally, inwardly
írskur. a. Irish
ís, m. ice, ice cream
ísbjörn, m. polar bear
íshús, n. ice-house, cold storage
ískaldur, a. ice cold, icy cold
Íslendingur, m. Icelander
íslenzka, f. Icelandic (language)
íslenzkur, a. Icelandic
ítalskur, a. Italian
ítarlega, adv. fully, in detail.
ítreka, v. repeat, reiterate
íþrótt, f. sport
íþróttamaður, m. sportsman, athlete
íþróttavöllur, m. sports ground, stadium

J

já. adv. yes
jaðar, m. edge, border
jafn, a. equal, even
jafna, v. make even, level
jafnan, adv. constantly

jafnast, v. be equal to, match
jafnaðarmaður, m. socialist
jafndægur, n. pl. equinox
jafnfætis, adv. & prp. (w. dat.) on an equal footing (with)
jafningi, m. equal
jafnóðum, adv. as quickly, at the same time
jafnt, adv. equally, evenly
jafnvel, adv. even
jakki, m. jacket, coat
jarða, v. bury, inter
jarðarber, n. strawberry
jarðarför, f. funeral
jarðeigandi, m. landowner
jarðeign, f. landed property
jarðfræði, f. geology
jarðneskur, a. earthly
jarðskjálfti, m. earthquake
jarðyrkja, f. agriculture
jarðýta, f. bulldozer
jarl, m. earl
járn, n. iron
járnbraut, f. railway
járnbrautarlest, f. (railway) train
járnbrautarvagn, m. railway carriage
járnsmiður, m. blacksmith
járnplata, f. iron plate, sheet iron
járnvara, f. hardware

játa, v. (w. dat.) say yes to, consent; confess
játning, f. confession
jaxl, m. molar
jól, n. pl. Christmas, Xmas, Yule-tide
jóladagur, m. Christmas day
jólakaka, f. Christmas cake
Jónsmessa, f. midsummer day
jú, adv. yes (in answer to negative question)
jurt, f. herb, plant
jurtaæta, f. vegetarian
jæja, interj. well
jökull, m. glacier
jörð, f. earth, soil, ground; farm
jötunn, m. giant

K

kaðall, m. rope, cable
kafa, v. dive
kafari, m. diver
kafbátur, m. submarine
kaffi, n. coffee
kaffibolli, m. coffee cup; cup of coffee
kaffihús, n. café
kafli, m. part, chapter, section
kafna, vi. suffocate, choke

kaka, f. cake
kál, n. cabbage
kaldi, m. light breeze
kaldur, a. cold; **mér er kalt**, I am cold
kálfi, m. calf (of the leg)
kálfur, m. calf
kálgarður, m. vegetable garden, kitchen garden
kalinn, a. frost-bitten
kall, n. cry, call
kalla, v. call, call out; name
kambur, m. ledge of rock; comb
kampavín, n. champagne
kanna, v. search, explore.
kanna, f. jug; coffee pot.
kannske, adv. perhaps
kápa, f. coat, cloak
kapella, f. chapel
kapp, n. contention, zeal, ardour
kapphlaup, n. race, running
kappi, m. champion, hero
kappleikur, m. match, game
kappreið, f. horse-race
kappróður, m. boat-race
kappsigling, f. yacht racing, regatta
karfa, f. basket
karfi, m. Norway haddock
karl, m. old man; **karl-** (as prefix) male

karlmaður, m. man
kartafla, f. potato
kassi. m. box
kast, n. cast, throw
kasta, v. (w. dat.) throw, cast
kátur, a. cheerful, happy
kaup, n. wages; purchase, bargain
kaupa (p. t. **keypti**), v. buy, purchase
kaupandi, m. buyer
kaupfélag, n. co-operative society
kaupmaður, m. merchant
kaupstaður. m. village, market-town.
kaþólskur, a. (Roman) catholic
keðja, f. chain
keisari, m. emperor
kenna, v. teach
kennaraskóli, m. (teachers') training college
kennari, m. teacher, master
kennsla, f. teaching, instruction
kennslubók, f. textbook
kennslukona, f. (school) mistress
kennslustofa, f. classroom
keppa, v. contend, compete
ker, n. tub
kerfi, n. system (i. e. the nervous system)
kerling, f. old woman
kerti, n. candle

ketill, n. kettle, cauldron, boiler
kettlingur, m. kitten
kex, n. biscuits
keyra, v. drive (a car)
kíghósti, m. whooping cough
kíkir, m. field glasses
kíló, n. kilogramme
kílómetri, m. kilometre
kind (pl. **kindur**). f. sheep
kindakjöt, n. mutton
kingja, v. swallow
kinn, f. cheek
kirkja, f. church
kirkjugarður, m. churchyard cemetery
kisa, f. cat
kista, f. chest, box
kitla, v. tickle
kjaftur, m. muzzle, mouth
kjallari, m. cellar basement
kjáni, m. fool, fathead
kjóll, m. dress, gown, frock
kjósa, sv. choose, elect, vote
kjökra, v. sob, whimper
kjöt, n. meat
klappa, v. pat, clap
klaufi, m. clumsy fellow, fool
klaustur. n. monastery
klefi, m. cabin (on ship)
klerkur, m. priest, clergyman

klettur, m. rock, cliff
klifra, vi. climb
klípa, v. pinch, nip
klippa, v. cut; **láta klippa sig**, have one's hair cut
kljúfa, sv. split, cleave
kló (pl. **klær**), f. claw
klofna, vi. split
klóra, v. scratch
klukka, f. clock, bell; **klukkan eitt**, one o'clock
klukkutími, m. hour
klútur, m. cloth, handkerchief
klæða, vt. clothe, dress.
klæði, n. cloth; pl. clothes
klæðnaður, m. clothing, suit of clothes.
klæðskeri, m. tailor
knýja, v. force, compel
knæpa, f. tavern, public house
koddi, m. pillow
koddaver, n. pillow-case, pillow-slip
koffort, n. (cabin-)trunk
kofi, m. hut, shed
koks, n. coke
kok, n. gullet, throat
kol, n. pl. coal
kolanáma, f. coal-mine
koli, m. plaice
kólna, vi. become cold, turn cold

koma, sv. come, arrive
komast, sv. reach, arrive
komma, f. comma, (decimal) point
kommúnisti, m. communist
kompás, m. compass
kona, f. woman, wife
konungsdóttir, f. princess
konungsríki, n. kingdom
konungssonur, m. prince
konungur, m. king
kopar, m. copper
kór, m. choir
korn, n. corn, grain
kort, n. map
kortér, n. quarter of an hour
kosning, f. election
koss, m. kiss
kosta, v. cost
kostnaður, m. expense, cost
kostur, m. virtue; choice; food, board
krabbamein, n. cancer
krafa, f. demand, claim
kraftur, m. strength
krakki, m. child, kid
krefja, v. (w. gen.) claim, demand
kría, f. tern
kringlóttur, a. round, circular
kringum, prp. (w. acc.) round
kringumstæður, f. pl. circumstances

kristinn, a. Christian
Kristur, m. Christ
krít, f. chalk
krjúpa, sv. kneel
krókóttur, a. winding
krókur, m. hook; corner; detour
króna (pl. **krónur**), f. crown, 100 aurar
kross, m. cross
krukka, f. jar, can
krummi, m. raven, crow
krydd, n. spices
krýna, v. crown
krypplingur, m. hunchback
krækiber, n. crow-berry
kröftugur, a. strong, powerful
kúga, v. oppress
kúgun, f. tyranny, oppression
kuldi, m. cold, coldness
kunna, v. know, know how to, understand
kunnátta, f. knowledge
kunningi, m. acquaintance, friend
kunnugur, a. familar with
kunnur, a. known
kurteis, a. polite, courteous, civil
kurteisi, f. courtesy, good manners
kvarta, v. complain (**um** = of, about)
kveða, sv. recite
kveðja, v. say good-bye to

kvef, n. cold
kvefaður, a. **vera k.**, be with cold, have a cold
kveikja, v. light; **k. ljós**, turn the light on
kveikjari, m. (petrol) lighter
kvelja, v. torture
kvenfólk, n. (women)folk
kvenmaður, m. woman
kvennaskóli, m. school for domestic science
kverkar, f. pl. throat
kvikmyndahús, n. cinema, picture-house = **bíó**
kvitta, v. receipt, give a receipt for
kvittun, f. receipt
kvæði, n. poem, song
kvöld, n. evening; **í k.**, this evening
kvöldmatur, m. supper, dinner
kynda, v. light (the fire)
kynlegur, a. strange, odd
kynna, v. make known, introduce
kynslóð, f. generation
kýr (pl. **kýr**), f. cow
kyrr, a. still, calm, quiet
kyrrð, f. stillness, rest
kyssa, v. kiss
kæfa, vt. suffocate, choke
kæla, f. cool, coolness

kæla, v. cool
kæliskápur, m. refrigerator
kær, a. dear, beloved
kæra, v. accuse
kæti, f. joy, gladness
köttur (pl. **kettir**), m. cat

L

lá, v. blame; **mér láðist að**, I forgot to
labba, v. stroll, go for a walk
lag, n. air, tune; **allt í lagi**, all right; **í fyrsta lagi**, in the first place
laga, v. arrange, put right, adjust
lagfæra, v. mend, set in order
laginn, a. skilful, handy
laglegur, a. pretty, handsome
láglendi, n. lowland, flat land
lágmark, n. minimum
lágur, a. low, short (of stature)
lak, n. sheet (on a bed)
lakk, n. wax, varnish, lacquer
lamb, n. lamb
lampi, m. lamp
lán, n. loan
lána, v. (dat. of person) lend
land, n. land
landabréf, n. map

landafræði, f. geography
landbúnaður, m. farming
landfarsótt, f. epidemic
landi, m. fellow-countryman, compatriot
landlæknir, m. chief medical officer
landnám, n. settlement (on land)
landnemi, m. settler
landráð, n. pl. treason
landráðamaður m. traitor
landsbanki, m. national bank
landsbókasafn, n. national library
landsími, m. long-distance telephone, trunks
landskjálfti, m. earthquake
landslag, n. landscape, scenery
landsmál, n. pl. politics, public affairs
landstjóri, m. governor
landvegur, m. road; **fara landveg**, go by land
landvörn, f. defence (of a country)
langa, impers. v. **mig langar**, I want, desire
langafi, m. great-grandfather
langamma, f. great-grandmother
langtum, adv. by far
langur, a. long
langvarandi, a. lasting
lánlaus, a. luckless, ill-starred

lánsamur, a. lucky. fortunate
lás, m. lock
lasinn, a. unwell, ill
last, n. blame, censure
lasta, v. blame, find fault with
láta, sv. let; (with infinitive) have done; put, place
látast, sv. pretend, feign
latína, f. Latin (language)
látinn, a. dead
látún, n. brass
latur, a. lazy, idle
lauf, n. leaf club (in cards)
laug, f. bath; hot-spring
lauga, vt. bathe
laukur, m. onion
laun, n. pl. salary; reward
laus, a. loose
lax, m. salmon
laxá, f. salmon river
laxveiði, f. salmon fishing
leðja, f. mud
leður, n. leather
lega, f. illness, lying (in bed); position
leggja, v. lay, place, put; **l. af stað**, set off
leggjast, v. lie down
leggur, m. leg
leið, f. way, road

leiða, v. lead, conduct
leiðangur, m. expedition
leiðarvísir, m. guide
leiðast, impers. v. **mér leiðist**, I am bored, tired of
leiðbeina, v. (w. dat.) guide, instruct
leiðbeining, f. guidance; pl. directions, instructions
leiði, n. grave, tomb
leiðinlegur, a. boring, wearisome
leiðrétta, v. correct
leiðsögumaður, m. guide
leiður, a. tired, bored
leiftra, v. flash
leiftur, n. flash (of lightning)
leiga, f. hire, rent
leigja, v. hire, rent
leika, sv. play, act
leikari, m. actor
leikfang, n. toy, plaything
leikfimi, f. gymnastics
leikhús, n. theatre
leikkona, f. actress
leikrit, n. play, drama
leiksvið, n. stage
leikvöllur, m. playground
leikur, m. play, game
leir, m. clay
leirtau, n. crockery, porcelain

leit, f. search
leita, v. search, look (for = **eftir, að**)
leka, sv. leak, drip
leki, m. leak
lekur, a. leaky, leaking
lemja, v. beat, thrash
lenda, v. land
lendingarstaður, m. landing-place
lengd, f. length
lengi, adv. long, for a long time
lengja, v. lengthen, prolong
léreft, n. linen, cotton
lesa, sv. read, study; pick
lesandi, m. reader
leti, f. laziness, idleness
letingi, m. idler, lazy fellow
letja, v. dissuade (from)
létta, v. lighten, alleviate
léttúð, f. frivolity
léttur, a. light, easy
lexía, f. lesson
leyfa, v. allow, permit
leyfi, n. permission, leave; licence
leyna, v. (w. dat.) hide, conceal
leynd, f. security
leyndardómur, m. mystery, secret
leyndarmál, n. secret
leynilögregla, f. secret police; detectives
leysa, v. loosen, untie, undo

leyti, n. part; **að nokkru leyti**, partly; time; **um það leyti**, about that time
lið, n. troops, army; help
líða, sv. pass, suffer
liðugur, a. agile, supple
líf, n. life; **á lífi**, alive
lifa, v. live
lifandi, a. alive
líflát, n. death; execution
lifur, f. liver
lífæð, f. artery
liggja, sv. lie, be situated; **það liggur ekkert á**, there's no hurry
lík, n. corpse
líka, adv. also, too, likewise
líka, impers. v. like, be pleased with
líkami, m. body
líkindi, n. pl. likelihood, probability
líkja, v. **l. eftir**, imitate
líkkista, f. coffin
líklegur, a. likely, probable
líkneski, n. statue, monument
líkur, a. like
líkþorn, n. corn (on the foot)
lilja, f. lily
lím, n. glue, paste
líma, v. paste, stick, glue
limur, m. limb
lína, f. line

lind, f. spring, well
linsoðinn, a. lightly-boiled
linur, a. soft, weak
list, f. art; **fagrar listir,** fine arts
listamaður, m. artist
listaverk, n. work of art
lita, v. dye, colour
líta, sv. look (at = **á**); **mér lízt vel á,** I like
lítill, a. little, small
lítri, m. litre
litur, m. colour, hue; dye; suit (in cards)
ljóð, n. song, poem
ljóma, vi. shine, gleam
ljón, n. lion
ljós, n. light, brightness
ljós, a. light, bright
ljóshærður, a. fair-haired
ljósmynd, f. photo(graph)
ljótur, a. ugly
ljúga, sv. tell lies, lie
ljúka, sv. (w. dat.) finish, conclude
lof, n. praise
lofa, v. praise; permit, allow (w. dat.); promise (w. dat.)
lófi, m. palm of the hand
loft, n. air, sky; ceiling
loftárás, f. air-raid
loftskeytamaður, m. wireless operator

loftskeytastöð, f. wireless station
loftskeyti, n. cable, cablegram
lofttruflani, f. pl. atmospherics
loftvarnabyrgi, n. air-raid shelter
loftvarnabyssa, f. anti-aircraft gun
loga, vi. blaze, burn
logi, m. flame
logn, n. calm
lok, n. lid, cover
loka, v. (w. dat.) shut, close
lokaður, a. closed
lokka, v. entice, decoy
loksins, adv. at last, finally
losa, vt. loosen
losna, vi. get loose, loosen; **l. við**, get rid of
lúða, f. halibut
lúðrasveit, f. brass band
lúður, m. trumpet
lund, f. temper, disposition
lunga, n. lung
lungnabólga, f. pneumonia
lús (pl. **lýs**), f. louse
lýðræði, n. democracy
lýræðislegur, a. democratic
lýðveldi, n. republic, democracy
lyf, n. medecine, drug
lyfjabúð, f. chemist's shop
lyfta, f. & v. lift

lygari, m. liar
lygi, f. lie, untruth
lyginn, a. lying, untruthful
lygn, a. calm (of water or sea)
lykill, m. key
lykkja, f. loop, stitch (in knitting); noose
lykt, f. smell, odour
lykta. v. smell
lýsa, vt. light up, illuminate; (w. dat.) describe
lýsi, n. cod liver oil
lyst, f. appetite
læðast, v. creep, slink
lækka, v. lower
lækna, v. cure, heal
læknandi, a. curable
lækning, f. cure, treatment
læknir, m. doctor physician, surgeon
læknisfræði, f. medecine, study of medecine
lækur, m. brook
læra, v. learn, study
lærður, a. learned
læri, n. thigh
lærisveinn, m. pupil, disciple
lærleggur, m. thigh-bone
læs, a. able to read
læsa. v. (w. dat.) lock

læsilegur, a. readable; legible
læsing, f. lock
læti, n. pl. noise
lög, n. pl. law(s)
lögfræðingur, m. lawyer
löglegur, a. lawful; legal
lögregla, f. police (force)
lögreglustjóri, m. chief of police
lögreglustöð, f. police station
lögregluþjónn, m. policeman
löpp, f. paw
löstur, m. vice, fault

M

má, v. wipe out, blur, efface
maðkur, m. maggot, worm
maður (pl. **menn**), m. man, husband
máður, a. faded
máfur, m. seagull
magi, m. stomach
mágkona, f. sister-in-law
magur, a. lean, thin
mágur, m. brother-in-law
mál, n. speech, language; matter, affair
mala, v. grind, crush
mála, v. paint
málari, m. painter

malbikaður, a. macadamized (of a road)
málefni, n. matter, affair, case
málfræði, f. grammar
málgagn, n. organ, mouthpiece (of a political party)
mállaus, a. dumb, speechless
málmur, m. metal
málrómur, m. (tone of) voice
málstaður, m. cause (a good or bad cause)
máltíð, f. meal
málverk, n. painting, picture
mamma, f. mother, mama
mana, vt. dare, provoke
manndráp, n. murder, manslaughter
mannfjöldi, m. crowd (of people)
mannkyn, n. mankind
mannsaldur, m. generation
mannúð, f. kindness, sympathy
mannæta, f. cannibal
mánuður, m. month
margfalda, v. multiply
margfaldur, a. manifold
margur, a. many
mark, n. mark, sign; goal
marka, v. mark; take a notice of
markaður, m. market
marmari, m. marble
marmelaði, n. marmelade

mat, n. valuation
mata, v. feed
matarlyst, f. appetite (for food)
matreiða, v. cook
matreiðslubók, f. cookery-book
matsala, f. restaurant
matseðill, m. menu
matskeið, f. tablespoon
máttlaus, a. weak, faint
matur, m. food
með, prp. (w. acc. & dat.) with, by
meðal (pl. **meðul**). n. medicine, drug
meðal, prp. (w. gen.) between, among
meðal-, prefix. average
meðalganga, f. intercession
meðallag, n. average; **í meðallagi**, on the average, fairly
meðan, adv. meanwhile; conj. while
meðganga, v. confess
meðmæli, n. pl. recommendation, testimonial
meðvitund, f. consciousness
mega, v. may, be allowed; **m. til**, have to
meiða, v. hurt, injure
meiddur, a. injured, hurt
meiðsli, n. hurt, injury
mein, n. harm, damage
meina, v. mean

meining, f. meaning, opinion
meinlaus, a. harmless
meiri, comp. a. more, greater
meitill, m. chisel
mella, f. prostitute
melta, v. digest
melting, f. digestion
menning, f. culture, civilization
mennskur, a. human
mennta, v. educate
menntaskóli, m. secondary grammar school
menntun, f. education
merki, n. signal, mark
merkilegur, a. remarkable
merking, f. significance, meaning
merkja, v. mark; signify, denote
messa, f. divine service
met, n. record (in sport)
meta, sv. value, esteem
metri, m. metre
meyr, a. tender (of meat)
miða, v. aim
miðdagsverður, m. lunch, midday meal
miði, m. slip of paper, ticket
miðja, f. middle
miðnætti, n. midnight
miðstöð, f. centre
miðstöðvarhitun, f. central heating

miðsumar, n. midsummer
míga, sv. make water
mikill, a. great, large, much
mikilmenni, n. great man
mikilvægur, a. important
míla, f. mile
mildur, a. mild
milljón, f. million
milli, prp. (w. gen.) between
millipils, n. petticoat
minn, mín, mitt, a. & prn. my, mine
minna, v. remind
minni, n. memory
minnka, v. decrease
minnkun, f. decrease
mínúta, f. minute
misjafn, a. uneven, different
miskunn, f. mercy
miskunna, v. (w. dat.) have mercy on, pity
miskunnarlaus. a. merciless, cruel
miskunnsamur, a. merciful
mislíka, impers. v. dislike, be displeased with
mislingar, m. pl. measels
mismunur, m. difference
mismæli, n. slip of the tongue, mistake
misritun, f. mistake, slip of the pen
missa, v. lose

misseri, n. season, half year
misskilja, v. misunderstand
misskilningur, m. misunderstanding
mistakast, sv. fail, not to succeed
mistur, n. mist, haze
mjókka, v. narrow
mjólk, f. milk
mjólka, v. milk
mjór, a. thin, slim; narrow
mjúkur a. soft
mjög. adv. very
mjöl, n. flour, meal
móðga, v. offend
móðgun, f. offence. injury
móðir (pl. **mæður**), f. mother
móður, a. out of breath, weary
móðurmál, n. mother tongue, native language
moka, v. shovel
molasykur, m. n. lump sugar
mold, f. earth, soil
moli, m. crumb, (sugar) lump
moll, m. minor (key in music)
mont, n. bragging, boasting
monta, v. boast, brag
montinn, a. conceited, boastful
mór, m. peat, heath
morð, n. murder
morðingi, m. murderer

morgunkaffi, n. breakfast
morgunn, m. morning; **á morgun**, tomorrow; **á morgnana**, in the morning(s)
morkinn, a. rotten
morkna, v. rot
mosi, m. moss
mótbára, f. objection
móti, prp. (w. dat.) against = **á móti**
mótmæla, v. object
mótorbátur, m. motorboat
mótorhjól, n. motor-cycle, motor-bike
mótstaða, f. resistance
móttaka, f. reception
múgur, m. crowd
muna, v. remember, recollect, call to mind
munaðarlaus, a. orphaned
munaðarleysingi, m. orphan
munkur, m. monk
munnbiti, m. mouthful
munnur, m. mouth
munu, auxiliary v. shall, will
munur, m. difference
múr, m. wall
múrari, m. bricklayer, plasterer
mús (pl. **mýs**), f. mouse
múta, f. & v. (w. dat.) bribe
mýfluga, f. gnat, mosquito

mygla, vi. become mouldy
mýkja, v. soften
mýkt, f. softness
mynd, f. picture; photograph
myndhöggvari, m. sculptor
mynni, n. mouth, outlet
mynt, f. coin
myrða, v. murder
mýri, f. marsh, swamp
myrkfælinn, a. afraid of the dark
myrkur, n. dark, darkness, gloom
myrkvi, m. eclipse
myrkvun, f. blackout
mæla, v. measure
mæla, v. speak
mælgi, f. loquacity
mælikvarði, m. standard, scale
mælir, m. measure; meter
mælska, f. eloquence
mælskur, a. eloquent
mæta, v. (w. dat.) meet
mögulegur, a. possible
mölva, v. break, smash (to pieces)
mörk (pl. **merkur**), f. half a pound (about 8 ounces)

N

ná, v. (w. dat.) reach, get (hold of)
nábúi, m. neighbour
náð, f. mercy, grace
náða, v. pardon
náðugur, a. merciful
nafar, m. gimlet
nafli, m. navel
nafn, n. name
nafnbót, f. title
nafni. m. namesake
nafnkunnur, a. famous
nafnlaus, a. nameless, anonymous
nafnorð, n. noun
náfrændi, m. near relation
naglbítur, m. pincers
nagli, m. nail
nágranni, m. neighbour
nágrenni, n. neighbourhood, vicinity
nakinn, a. naked
nákvæmlega, a. exactly
nákvæmni, f. accuracy, precision
nákvæmur, a. accurate, precise, exact
nál, f. needle
nálgast, v. approach
nálægur, a. near
nám, n. study, schooling
náma, f, mine

námsgrein, f. (subject of) study
námsmaður, m. scholar, student
námufræði, f. (study of) mining
námumaður, m. miner
nánd, f. neighbourhood
nár, m. corpse
náttföt. n. pl. pyjamas
náttkjóll, m. nightdress
náttúra, f. nature
náttúrlega, adv. naturally
náttúrlegur, a. natural
nauðsyn, f. necessity
nauðsynlegur. a. necessary
nauðugur, a. unwilling, reluctant
naut, n. bull
nautakjöt, n. beef
návist, f. presence
né, see **hvorki**
neðan, adv. below, from below, beneath; **fyrir n.** (prp. w. acc.) below
neðri, compar. a. lower
nef, n. nose, bill, beak
nefna, v. name, mention
nefnd, f. board, committee
neftóbak, n. snuff
negla, v. nail
nei, adv. no
neinn, a. any (only used in negative sentence)

neisti, m. spark
neita, v. (w. dat,) refuse, deny
nekt, f. nakedness
nema, sv. learn, study; **n. staðar**, stop
nema, conj. unless, except, but
nenna, v. (w. dat.) be bothered, care to
nes, n. headland, ness
nesti, n. provisions food (for a journey)
net, n. net
neyð, f. need, distress
neyða, v. compel, force
neyzla, f. consumption
neyzluvatn, n. drinking-water
níða, v. libel, revile
niðri, adv. down, below; downstairs
niður, adv. down, downwards
niðurlag, n. end, conclusion
niðursoðinn, a. preserved; **niðursoðnar vörur**, tinned foods
niðurstaða, f. outcome, conclusion
nízka, f. meanness, niggardliness
nízkur, a. niggardly, near, stingy
njósn, f. reconnaissance; spying, espionage
njósna, v. spy, reconnoitre
njósnari, m. spy
njóta, sv. (w. gen.) enjoy, use
nógur, a. enough, sufficient
nokkur, a. & prn. some, any; someone

norðan, adv. from the north
norður, n. & adv. north
norðurheimskaut, n. north pole
norðurljós, n. pl. northern lights
norska, f. Norwegian (language)
norskur, a. Norwegian
not, n. pl. use
nota, v. use, make use of
nótt (pl. **nætur**), f. night, **góða n.**, good night; **í nótt**, to-night, last night
nú, adv. now
nudd, n. massage
nudda, v. massage, rub
númer, n. number
nunna, f. nun
nútíð, f. present, present tense
núverandi, a. present (time)
nýár, n. new-year
nýgiftur, a. newly married
nýlega, adv. lately, recently
nýlegur, a. recent
nýlenda. f. colony
nýr, a. new, fresh
nýra (pl. **nýru**), n. kidney
nýta, v. make use of
nýtízku-, prefix. new-fashioned, modern
nytsamur, a. useful
nytsemi, f. usefulness

nýtur, a. useful
næði, m. leisure; peace, quiet
nægur, a. enough, sufficient
næla, f. pin
næmur, a. quick at learning, sensitive
nær, compar. adv. nearer; almost, nearly
næra, v. nourish
nærbuxur, f. pl. underpants, knickers
nærföt, n. pl. underwear
nærgætinn, a. considerate, careful
nærgætni, f. thoughtfulness, consideration
næring, f. nourishment, food
nærri, adv. near, almost
nærskyrta, f. undervest
nærsýnn, a. short-sighted, near-sighted
næst, superl. adv. nearest, next
næstum, adv. almost
næturvörður, m. night watchman
nögl (pl. **neglur**) f. nail (on finger or toe)
nöldra, v. grumble
nöldur, n. grumbling
nös (pl. **nasir**), f. nostril
nötra, v. shiver

O, Ó

ó-, negative prefix. un-, in-
óákveðinn, a. undecided, irresolute
óánægja, f. discontent
óáreiðanlegur, a. unreliable
óbeit, f. dislike, aversion
óboðinn, a. uninvited
óbreyttur, a. unchanged
óbyggð, f. wilderness, desert
óbyggður, a. uninhabited, unsettled
óbærilegur, a. unbearable, intolerable, insufferable
óbætanlegur, a. irreparable
oddur, m. point
ódrekkandi, a. undrinkable
ódrengilegur, a. unmanly, mean
ódrukkinn, a. sober
óður, a. furious, mad
ódýr, a. cheap, inexpensive
óeinlægur, a. insincere
óeirðir, f. pl. riots
óendanlegur, a. infinite
of, adv. too
ófáanlegur, a. unobtainable
ofan, adv. down, from, above; **taka o.**, take off one's hat; **fyrir ofan**, prp. (w. dat.) above

ófarir, f. pl. disaster
ofát, n. overeating, gluttony
ofbeldi, n. violence
ofdrykkja, f. drunkenness
ofn, m. stove
ófreskja, f. monster
ófriður, m. war
ófríður, a. plain, ugly
ófrískur, a. pregnant
ófróður, a. ignorant
ofsi, m. violence, impetuosity
oft, adv. often
ófullgerður, a. unfinished, incomplete
ófús, a. unwilling, reluctant
ófær, a. impassable (of river)
og, conj. & adv. and; too, also
ógát, n. thoughtlessness
ógildur, a. invalid
ógn, f. dread, terror
ógna, v. (w. dat.) threaten
ógnun, f. threat, menace
ógurlegur, a. awful, terrible
ógæfa, f. misfortune
ógætinn, a. careless, unwary
óháður, a. independent
óhamingja, f. misfortune, bad luck
óhamingjusamur, a. unhappy
óhapp, n. misfortune, mishap, accident
óhentugur, a. unsuitable

óheppni, f. bad luck, mischance
óhlýðinn, a. disobedient
óhlýðni, f. disobedience
óhóf, n. excess, luxury
óhollur, a. unwholesome, bad for (one)
óhreinindi, n. pl. lack of cleanliness, dirt
óhreinn, a. dirty
ójöfnuður, m. unfairness, injustice
ókeypis, adv. free, gratis
okkar, gen. of **við,** our
ókunnugur, a. unknown, strange
ókurteis, a. impolite, discourteous
ólag, n. disorder; **í ólagi,** out of order
olnbogi, m. elbow
olía, f. oil
ólund, f. sullnness, sulks
ólundarfullur, a. sullen, sulky
ólyginn, a. truthful
ólöglegur, a. unlawful
ómak, n. trouble, pains
ómakslaun, n. pl. fee, fees
ómenntaður, a. uneducated
ómissandi, a. indispensable
ómögulegur, a. impossible
ónáða, vt. trouble, bother
ónýta, v. destroy, spoil
ónýtur, a. useless
ónæði, n. trouble, inconvenience

opinberlega, adv. offically, in public
opinn, a. open
opna, vt. open
opnast, vi. open
orð, n. word
orðabók, f. dictionary
orðasafn, n. vocabulary, glossary
orðlaus, a. speechless, dumbfounded
orðrétt, adv. literally, word for word
óréttindi, n. pl. injustice
óréttlátur, a. unjust
óreyndur, a. untried, inexperienced
orga, v. howl, scream
orgel, n. organ
orka, f. force, strength, energy
ormur, m. worm
órói, m. uneasiness
órólegur, a. uneasy, restless
orrusta, f. battle
orrustuflugvél, f. fighter (plane)
orsaka, v. cause
orsök, f. cause, reason
óræktaður, a. uncultivated (of land)
ós, m. estuary, mouth of a river
ósannur, a. untrue
ósiður, m. bad habit
ósigrandi, a. invincible, unconquerable
ósk, f. wish

óska, v. (w. dat. of person & gen. of thing) wish
óskyldur, a. unrelated
óslèttur, a. uneven
óslökkvandi, a. inextinguishable
ostur, m. cheese
óstöðugur, a. unsteady; changeable
ósýnilegur, a. invisible
ótal, indecl. a. innumerable, countless
ótraustur, a. unsafe
ótrúlegur, a. unbelievable, incredible
ótrúr, a. unfaithful, faithless
óttalegur, a. terrible
óttast, v. fear, dread
ótti, m. fear, terror
óvani, m. bad habit
óvanur, a. unused to
óveður, n. bad weather
óvenjulegur, a. unusual, uncommon
óverðugur, a. unworthy
óvild, f. ill-will, enmity
óviljandi, a. & adv. unintentional(ly)
óvinsæld, f. unpopularity
óvinsæll, a. unpopular
óvinur, m. enemy
óvissa, f. uncertainty
óþakklæti, n. ingratitude
óþarfi, m. something unnecessary, something superflous

óþarfur, a. useless, unnecessary
óþefur, m. bad smell
óþekkt, f. naughtiness
óþekktur, a. unknown
óþekkur, a. naughty
óþolandi, a. unbearable, intolerable
óþverri, m. filth, dirt
óþægilegur, a. disagreeable, inconvenient
óþægur, a. naughty
óætur, a. uneatable

P

pabbi, m. daddy, father
páfi, m. pope
pakki, m. parcel, package
pallur, m. platform
panna, f. pan
panta, v. order (goods)
pappír, m. paper
par, n. pair
partur, m. part, share, section
páskar, m. pl. Easter
passa, v. take care of, look after
passi, m. passport
peð, n. pawn (in chess)
peli, m. flask

peningur, m. coin, penny; **peningar**, m. pl. money
penni, m. pen
pensill, m. (paint) brush
pera, f. pear; (light) bulb
perla, f. pearl
persóna, f. person, individual
pest, f. plague
peysa, f. jersey, jumper
peysuföt, n. pl. Icelandic woman's national costume
píanó, n. piano
pils, n. skirt
piltur, m. lad, boy
pína, v. torture
pípa, f. pipe
pipar, m. pepper
plága, f. plague; nuisance
pláneta, f. planet
planki, m. plank
planta, f. & v. plant
pláss, n. place
plástur, m. plaster. sticking plaster
plata, f. large plate, sheet (of metal); gramophone record
poki, m. bag, sack
pollur, m. pool, puddle
póstávísun, f. money order
pósthólf, n. P. O. box

pósthús, n. post office
póstkort, n. postcard, picture postcard
póstskip, n. mail steamer
postulín, n. porcelain, china
póstur, m. mail, post; postman
pottur, m. (cooking) pot, pan
prammi, m. dinghy
prédika. v. preach
prenta, v. print
prentari, m. printer
prentsmiðja, f. printing works
pressa, f. & v. press
prestur, m. priest, clergyman
pretta, v. cheat, deceive
prik, n. small stick
prins, m. prince
prinsessa, f. princess
prjónn, m. pin; knitting needle
prjóna, v. knit
próf, n. examination, test
prófa, vt. examine, test
prófórk, f. proof, proof-sheet
prýðilegur, a. splendid, excellent
púði, m. cushion
púðra, v. powder
púður, n. powder; gunpowder
pund, n. pound
pungur, m. small bag, purse
punktur, m. point, full stop

pylsa, f. sausage
pönnukaka, f. pancake
pöntun, f. order (for goods)

R

rabarbari, m. rhubarb
rabba, v. chat, talk
ráð, n. advice; plan
raða, v. (w. dat.) set in order, arrange
ráða, sv. advise; resolve; govern (w. dat.)
ráðalaus, a. puzzled, at a loss
ráðaleysi, n. perplexity
ráðgáta, f. riddle
ráðherra, m. minister (of state)
ráðhús, n. town hall
radísa, f. radish
ráðleggja, v. advise
ráðlegur, a. advisable
ráðskona, f. housekeeper
ráðsmaður, m. steward
ráðstefna, f. council
ráðstöfun, f. arrangement; **gera ráðstafanir,** take steps
ráðuneyti, n. ministry
ráðvandur, a. honest

ráðvendni, f. honesty
rafall, m. dynamo, generator
raflýsa, v. light by electricity
rafmagn, n. electricity
raf(magns)klukka, f. electric clock
rafmagnsljós, n. electric light
raf(magns)stöð, f. power station
ragur, a. cowardly
raka, v. shave; rake
rakarastofa, f. barber's (shop)
rakari, m. barber
raki, m. damp, moisture
raksápa, f. shaving soap
rakur, a. damp, moist
rakvél, f. (safety) razor
rammur, a. bitter, pungent
rámur, a. hoarse
rán, n. robbery
rangeygður, a. cross-eyed
rangfæra, v. pervert, misrepresent
rangindi, n. pl. injustice
rangleitur, a. unjust, unfair
rangur, a. wrong, mistaken
rannsaka, v. investigate, examine
rannsókn, f. investigation
rata, v. find one's way
rauðkál, n. red cabbage
rauður, a. red
raula, v. hum (a tune)

raun, f. experience; **raunir**, f. pl. troubles
raupa, v. boast, brag
refsa, v. (w. dat.) punish
refsing, f. punishment
refur, m. fox
regla, f. rule; order
reglusamur, a. orderly, steady
reglustika, f. ruler, rule
regn, n. rain
regnbogi, m. rainbow
regnfrakki, m. raincoat
regnhlíf, f. umbrella
regnkápa, f. raincoat
reiðast, v. become angry
reiðhestur, m. riding horse
reiðhjól, n. bicycle = **hjól**
reiði, f. anger, wrath
reiðubúinn, a. ready
reiður, a. angry
reika, v. wander, stroll
reikna, v. reckon, calculate
reikningur, m. arithmetic; bill, account
reisa, v. erect, raise
reka, sv. drive (cattle); run (a shop or business)
rekja, v. trace, track (footprints)
rekkja, f. bed
réna, vi. abate, slacken

rengja, v. contradict
renna, sv. run, flow
renta, f. (often pl. **rentur)** interest (two per cent interest)
rétta, v. straighten; (w. dat. of person & acc. of thing) to pass or hand something
rétthyrndur, a. rectangular
réttindi, n. pl. privelige, right(s)
réttlátur, a. just, righteous
réttlæta, v. justify
réttlæti, n. justice
réttur, a. right, straight
réttvísi, f. justice
reyking, f. smoking; **reykingar bannaðar,** no smoking
reykja, v. smoke
reykur, m. smoke
reyna, v. try
reynast, v. turn out to be, prove
reyndur, a. experienced, tried
reynsla, f. experience
ríða, sv. ride
rif, n. rib; reef
rífa, svt. tear
riffill, m. rifle
rifna, vi. split, tear, be torn
rigna, v. rain
rigning, f. rain

ríki, n. state; kingdom
ríkja, v. reign, rule
ríkur, a. rich, wealthy
rísa, svi. arise, rise
risi, m. giant
rispa, v. scratch
rit, n. writing, book; pl. works (of an author)
rita, v. write
ritari, m. secretary
ritfangasali, m. stationer
ritföng, n. pl. writing materials, stationary
rithöfundur, m. author
ritning, f. scripture
ritsími, m. telegraph
ritstjóri, m. editor
rjóður, a. ruddy
rjómakaka, f. cream cake
rjómi, m. cream
rjúpa, f. ptarmigan
ró, f. quiet, peace
róa, sv. row
roðna, v. blush
róður, m. rowing, row
rófa, f. tail (of dog or cat)
rófa, f. turnip
rógur, m. slander
rok, n. gale

rokkur, m. spinning wheel
rólegur, a. calm, undisturbed
rómantík, f. romanticism
romm, n. rum
rós, f. rose
roskinn, a. elderly, middle-aged
rót (pl. **rætur**), f. root
rotna, vi. rot
rotta, f. rat
rúða, f. window-pane
rúgbrauð, n. rye bread
rugl, n. nonsense
rugla, v. confuse
rúgur, m. rye
rúm, n. bed; space
rúmgóður, a. roomy, spacious
runnur, m. shrub, bush
rúsína, f. raisin
rusl, n. rubbish, lumber
rússneska, f. Russian (language)
rústir, f. pl. ruins
ryð, n. rust
ryðga, vi. rust
ryðgaður, a. rusty
ryk, n. dust
ræða, f. & v. speech; talk; **halda ræðu**, make a speech
rægja, v. slander
rækta, v. cultivate, till

ræna, v. plunder, rob
ræningi, m. pirate, robber
ræsi, n. gutter, sewer
rætast, v. be fulfilled, come true
röð, f. row, order
rödd, f. voice
rök, n. pl. reason, argument
rökkur, n. twilight
rökkva, v. grow dark
rökstyðja, v. present the arguments for, prove
rönd, f. edge, border; stripe

S

sá, sú, það, prn. that
sá, v. sow
saddur, a. satisfied, full
safn, n. collection
safna, v. collect
saft, f. (fruit) juice
saga, f. history, story
sagnorð, n. verb
saklaus, a. innocent
sakleysi, n. innocence
sakna, v. (w. gen.) miss, feel the loss of
sál, f. soul
sala, f. sale

sálarfræði, f. psychology
sálfræðingur, m. psychologist
salerni, n. toilet, W. C.
sali, m. seller
sálmur, m. hymn
salt, n. salt
salta, v. salt
saltfiskur, m. salt fish
saltur, a. salt, salty
salur, m. hall, saloon
saman, adv. together
samanburður, m. comparison
samband, n. connection; union
samdægurs, adv. (on) the same day
sameina, v. unite, combine
sameining, f. union, combination
sameinaður, a. united
samganga, f. communication, intercourse
samgöngur, f. pl. communication(s)
samkeppni, f. competition
samkoma, f. meeting
samkomulag, n. agreement
samkvæmi, n. party, dinner party
samkvæmt, prp. (w. dat.) according (to)
samlagning, f. addition, adding up
samningur, m. agreement
samræða, f. conversation
samræmi, n. accord, harmony

samsíða, adv. side by side
samsinna, v. (w. dat.) assent (to), approve (of)
samsæri, n. plot, conspiracy
samsæti, n. banquet
samt, adv. & conj. still, yet, all the same
samtal, n. talk, conversation
samtals, adv. altogether, in all
samtíða, indecl. a. contemporary; adv. at the same time
samur, a. (the) same
samvinna, f. co-operation
samvizka, f. conscience
samvizkulaus, a. unscrupulous
samþykki, n. consent, assent
samþykkja, v. agree, consent; pass (a law)
sandur, m. sand
sanna. v. prove
sanngjarn, a. reasonable, fair
sannleikur, m. truth
sannur, a. true
sápa, f. soap
sár, a. painful, sore
sár, n. wound, sore
sárbæna, v. entreat, implore
sardína, f. sardine
sárfættur, a. footsore

sauðakjöt, n. mutton
sauður, m. sheep
sauma, v. sew
seðill, m. bill; banknote
sefa, vt. soothe, calm
segja, v. say, tell
segl, . sail
seglbátur, m. sailing-boat
segull, m. magnet
seigur, a. tough
seinka, v. (w. dat.) delay
seinn, a. slow, late.
sekt, f. guilt; fine
sekta, v. fine
sekúnda, f. second (60 seconds = 1 minute)
sekur, a. guilty
selja, v. sell
seljandi, m. seller
selskinn, n. sealskin
selur, m. seal (the animal)
sem, indecl. prn. who, which, that; conj. as
sement, n. cement
semja, v. compose, write (a book); settle, come to terms
senda, v. send
sendiboð, n. message
sendiherra, m. ambassador, minister

sendiherraskrifstofa, f. legation, embassy
sendiráð, n. legation, embassy
sennilegur, a. probable, likely
sentimetri, m. centimetre
séra, m. indecl. the reverend
sérhver, prn. every
sessa, f. cushion
setja, v. put, place
setjast, v. sit down
setning, f. sentence
setulið, n. garrison
síðan, adv. & conj. since
síðari, compar. a. later, latter
síðastur, superl. a. latest, last
siðleysi, n. immorality
siður, m. custom, habit
síður, compar. adv. less
sig, sín, sér, reflexive prn. (him-, her-, it-, them-) self, selves
sígaretta, f. cigarette
sigla, v. sail, go abroad
sigling, f. sailing, navigation
sigra, v. victorious, conquer
sigur, m. victory
sigursæll, a. victorious
síki, n. ditch
síld, f. herring
silfur, n. silver

silki, n. silk
silungur, m. trout
síma, v. telephone, phone
símanúmer, n. (tele)phone number
símaskrá, f. telephone directory
sími, m. telephone, phone
símskeyti, n. telegram
sinn, n. time, occasion
sinn, sín, sitt, reflexive possessive prn. his, her, its, theirs
síra, see **séra**
sitja, svi. sit; **s. heima**, stay at home
sítróna, f. lemon
sízt, superl. adv. least
sjá, sv. see; **s. til**, wait and see; **s. um**, see to, take care of
sjaldan, adv. seldom, rarely
sjaldgæfur, a. rare, unusual
sjálfboðaliði, m. volunteer
sjálfsagður, a. self-evident
sjálfstæði, n. independence
sjálfur, prn. self
sjálfvirkur, a. automatic
sjóða, sv. boil, cook
sjóður, m. fund (of money)
sjóferð, f. (sea) voyage
sjóflugvél, f. seaplane, flying boat
sjóleiðis, adv. by sea
sjómaður, m. sailor, seaman

sjón, f. sight, vision
sjónarvottur, m. eye-witness
sjónauki, m. telescope, field glasses
sjóndeildarhringur, m. horizon
sjónvarp, n. television
sjóveiki, f. seasickness
sjóveikur, a. seasick
sjúga, sv. suck
sjúkdómur, m. illness, disease
skaða, v. injure, hurt
skaðabætur, f. pl. damages, compensation
skaði, m. damage, loss
skafa, sv. scrape
skaft, n. handle, shaft
skák, f. chess
skakkur, a. away, wrong
skál, f. bowl
skáld, n. poet, writer
skáldsaga, f. novel
skáldskapur, m. poetry
skamma, v. scold, revile; **skammast sín**, be ashamed of oneself
skammlífur, a. short-lived
skammtur, m. portion, ration
skammur, a. short, brief
skap, n. temper, mood
skapa, v. form, create, shape
skapari, m. creator

skapgóður, a. good-natured
skapillur, a. bad-tempered
skápur, m. cupboard, wardrobe
skarð, n. (mountain) pass
skarpur, a. sharp, acute
skata, f. skate (fish)
skattur, m. tax
skauti, m. skate
skegg, n. beard
skeið, f. spoon
skeifa, f. horseshoe
skel, f. shell
skella, v. slam (a door)
skemma, vt. spoil, damage
skemmdarverk, n. (act of) sabotage, damage
skemmta, v. (w. dat.) entertain, amuse
skemmtilegur, a. amusing, pleasing, pleasant
skemmtun, f. amusement, entertainment, enjoyment
skenkja, v. pour out (a drink)
skepna, f. (domestic) animal, beast
sker, n. rock, skerry
skera, sv. cut, carve
skeyti, n. = **símskeyti**
skíði, n. pl. skis
skífa, f. dial, face (of a watch)
skila, vt. (w. dat.) deliver, return

skilja, vt. understand; (intransitive) divorce; **s. við konuna sína,** divorce one's wife; **s. eftir,** leave behind
skiljanlegur, a. intelligible, understandable
skilmáli, m. term, condition
skilnaður, m. separation; divorce
skilyrði, n. condition. term
skína, vi. shine
skinn, n. hide, skin
skip, n. ship, boat, vessel
skipa, v. (w. dat.) command, order
skipgengur, a. navigable
skipshöfn, f. crew
skipstjóri, m. captain (of a ship), master
skipta, v. (w. dat.) divide; change (money)
skipting, f. division
skipun, f. order, command
skír, a. bright, clear
skíra, v. baptize, christen
skírn, f. baptism, christening
skítugur, a. dirty
skítur, m. dirt
skjal, n. document, deed
skjálfa, sv. shiver, tremble
skjóta, sv. shoot
skoða, v. look, examine

skoðun, f. opinion; inspection
skógur, m. wood, forest
skóhlífar, f. pl. galoshes
skólabróðir, m. school-fellow
skólastjóri, m. headmaster
skóli, m. school
skór (pl. **skór**), m. shoe
skorta, impers. v. **mig skortir**, I lack
skortur, m. want, lack
skósverta, f. (shoe) blacking
skot, n. shot, bullet
skott, n. tail (of a fox)
skotvopn, n. pl. fire-arms
skrá, f. lock; catalogue, list
skraddari, m. tailor
skran, n. rubbish
skrásetja, v. list, record, catalogue
skraut, n. ornament, finery
skref, n. step, pace
skreyta, v. adorn, decorate
skríða, sv. creep, crawl
skrifa, v. write
skrifari, m. secretary, clerk
skrifstofa, f. office
skrift, f. writing
skrítinn, a. curious, odd, peculiar
skrúfa, f. screw, propellor
skrökva, v. tell lies
skuggi, m. shadow

skuld, f. debt
skulda, vt. (w. dat. of person) owe
skuldunautur, m. debtor
skulu, auxiliary v. shall, will
skúr, f. shower (of rain)
skúr, m. shed
skurður, m. ditch
ský, n. cloud
skýjaður, a. cloudy
skyggja, vi. darken, become dark
skýla, v. (w. dat.) shelter
skýlaus, a. cloudless
skylda, f. duty, obligation
skyldfólk, n. relatives, relations
skyldugur, a. obliged. bound
skyldur, a. related; bound
skýli, n. shelter, shed
skyndi, n. haste, hurry
skyndilega, adv. suddenly
skynsamur, a. sensible, intelligent
skyr, n. (Icelandic) curds
skýr, a. clear
skýra, v. explain
skýring, f. explanation
skýrsla, f. statement, report
skyrta, f. shirt
skæla, v. cry, howl (of a child)
skæri, n. pl. (pair of) scissors
sköllóttur, a. bald

skömm, f. shame, disgrace
skömmtun, f. rationing
slá, sv. strike, beat; mow
slagæð, f. artery
slanga, f. hose-pipe
slátra, v. (w. dat.) slaughter, kill
sleði, m. sledge
sleikja, v. lick
sleipur, a. slippery
sleppa, svi. escape
sleppa, vt. (w. dat.) let go of
sléttur, a. smooth, level, flat
slíkur, a. such
slíta, svt. break, tear
slitna, vi. break
slitinn, a. worn out (of clothes)
slóð, f. track; region; **hér um slóðir**, in these parts
slóði, m. track, trail
slokkna, vi. go out (of a light or fire)
sloppur, m. dressing-gown
slydda, f. sleet
slys, n. accident
slæða, f. veil
slægð, f. cunning
slægur, a. cunning
slæmur, a. bad
slökkva, vt. put out, extinguish
smakka, v. taste

smali, m. shepherd
smámunir, m. pl. trifles
smán, f. disgrace, shame
smána, v. insult, disgrace
smámsaman, adv. bit by bit, gradually
smekkur, m. taste
smeykur, a. nervous, alarmed
smíða, v. make, fashion
smiðja, f. forge, smithy
smiður, m. craftsman, smith
smjör, n. butter
smjörlíki, n. margarine
smyrsl(i), n. ointment
smækka, v. grow less; reduce
snagi, m. peg
snákur, m. snake
snarræði, n. resource, presence of mind
sneið, f. slice
snemma, adv. early
snerta, v. touch; concern
sneypa, v. snub, reprove
snið, n. cut (of clothes)
sníða, sv. cut, cut out
snjóa, impers. v. snow
snjór, m. snow
snotur, a. pretty, neat, tidy
snúa, sv. (w. dat.) turn, twist
snúningur, m. turn(ing), revolution
snúra, f. line, cord

snyrtivörur, f. pl. cosmetics
snýta, v. **s. sér,** blow one's nose
snæri, n. line, cord, rope
snögglega, adv. suddenly
snöggvast, adv. just for a moment
sóa, v. (w. dat.) squander
sóðaskapur, m. dirtiness
sóði, m. untidy person, sloven
soðinn, a. boiled, cooked
sofa, sv. sleep
sofna, v. go to sleep, fall asleep
sokkaband, n. suspender; garter
sokkabandabelti, n. suspender belt
sokkur, m. stocking, sock; **einir sokkar,** a pair of socks
sókn, f. attack, offensive; parish
sól, f. sun
sólargeisli, m. sunbeam
sólarlag, n. sunset
sólarljós, n. sunlight
sólaruppkoma, f. sunrise
sólbrenndur, sólbrunninn, a. sunburnt, tanned
sólginn, a. greedy
sóli, m. sole (of a shoe)
sólskin, n. sunshine
soltinn, a. hungry, famished
sonur (pl. **synir**), m. son.
sópa, v. sweep

sopur, m. broom, brush
sorg, f. sorrow, grief
sorgbitinn, a. sorrowful, sad
sorglegur, a. sad, tragic
sorp, n. refuse
sót, n. soot
sótt, f. disease, illness
sóttnæmur, a. contagious, catching
spá, f. prophecy
spá, v. (w. dat.) prophesy, predict
spaði, m. spade; racket (tennis)
spamaður, m. prophet
spánnýr, a. brand-new
spara, v. save, economize
sparisjóður, m. savings bank
spark, n. kick
sparka, v. kick
sparlega, adv. sparingly
sparsamur, a. frugal; thrifty
sparsemi, f. economy, thrift
spegill, m. mirror, looking-glass
speki, f. wisdom
spékoppur, m. dimple
spenna, f. & v. clasp, buckle
spil, n. pl. (playing) cards
spila, v. play (an instrument); play at cards
spilla, v. (w. dat.) destroy, corrupt
spilling, f. corruption

spinna, sv. spin
spítali, m. hospital, infirmary
spjót, n. spear
spor, n. footprint, track
sporhundur, m. bloodhound
sporvagn, m. tram
sprengiefni, n. explosives
sprenging, f. explosion
sprengja, f. bomb
sprengja, vt. explode, blast
springa, svi. burst, explode
spurning, f. question, query
spyrja, v. ask, question; learn
spýta, v. spit
staða, f. place; position, situation
staðfesta, v. establish, determine, confirm
staðfesting, f. ratification, confirmation
staðnæmast, v. stop, halt
staðreynd, f. fact
staður, m. place
stafa, v. spell
stafn, m. stem, prow
stafróf, n. alphabet
stafur, m. staff, stick; letter (of the alphabet)
stakur, a. single, odd
stál, n. steel
standa, sv. stand; endure

stara, v. stare, gaze (**á** = at)
starf, n. work, employment, task
starfa, v. work
starfsemi, f. activity, business
staup, n. wine-glass
stefna, f. direction, tendency
stefna, vi. direct one's course (towards = **að**)
steik, f. steak
steikja, v. roast, fry
steinn, m. stone
steinhús, n. house built of concrete
steinsteypa, f. concrete
steinveggur, m. stone wall
stél, n. tail (of a bird)
stela, sv. (w. dat.) steal
stelpa, f. lass, girl
sterkur, a. strong
stétt, f. pavement; class (in society)
steypa, v. (w. dat.) hurl, overthrow; pour out; v. (w. acc.) cast, concrete
steypibað, n. shower(-bath)
stífla, f. & v. dam
stig, n. step; degree
stíga, sv. step, tread, stride
stigi, m. ladder, staircase
stígur, m. path, footpath
stígvél, n. boot; waders, wellingtons = **gúmmístígvél**

stilla, v. calm, quieten, appease
stimpill, m. stamp, postmark, seal
stinga, sv. prick, sting, stab
stirðna, vi. stiffen
stirður, a. stiff, formal
stjarna, f. star
stjórn, f. government, management
stjórna, v. govern, rule
stjórnarskrá. f. constitution
stjórnari, m. ruler, governor
stjórnborði, m. starboard (side)
stjórnmál, n. pl. politics
sjórnmálaflokkur, m. politican party
stjórnmálamaður, m. politician, statesman
stjörnufræði, f. astronomy
stofa, f. room
stofna, v. found, establish
stóll, m. chair
stolt, n. pride
stoppa, v. darn, stuff; stop
stór, a. big, large
stórkaupmaður, m. wholesale merchant
stormasamur, a. stormy
stormur, m. storm
strá, n. straw, blade of grass
strákur, m. boy. lad
stranda, v. strand
strandferðaskip, n. coaster

strandgæzla, f. fishery protection
stranglega, adv. strictly
strangur, a. strict, severe
straumur, m. current, tide
strax, adv. at once, straightway
strengur, m. string, cord, rope
streyma, v. flow, stream
stríð, n. war
stríða, v. (w. dat.) tease, provoke
strigi, m. sacking, canvas
strik, n. line, streak
strika, v. rule; **s. út**, strike out
strjúka, sv. stroke, rub; run away
strokleður, n. (India) rubber
strompur, m. chimney-pot
stræti, n. street
strætisvagn, m. bus
strönd, f. coast, shore
stuðningur, m. support, aid
stúlka, f. girl, lass
stund, f. hour; time, while
stundum, adv. sometimes
stundvís, a. prompt, punctual
stuttur, a. short
styðja, v. prop, support
stykki, n. piece
stynja, v. groan, sigh
stýra, v. (w. dat.) steer
stýri, n. rudder, helm

stýrimaður, m. mate (on a ship)
styrjöld, f. war
styrkja, v. strengthen; support
stytta, f. statue
stytta, v. shorten, abridge
stækka, v. enlarge
stækkun, f. enlargement
stærð, f. size
stærðfræði, f. mathematics
stöð, f. station
stöðugt, adv. constantly
stöðugur, a. firm, constant; continuous
stöðva, vt. stop
stöðvun, f. stopping
stökk, n. bound, jump
stökkva, sv. spring, jump
stöng (pl. **stengur**), f. pole, (fishing) rod
suða, f. boiling; humming, buzzing
suðaustan, adv. south-east
suðlægur, a. southerly
suðrænn, a. southern, tropical
suður, n. & adv. south
suðurland, n. the south (of Iceland)
suðurpóll, m. south pole
suðvestur, adv. south-west
súkkulaði, n. chocolate
súla, f. pillar, column
sultur, m. hunger, famine

sultutau, n. jam, preserves
sumar, n. summer
sumarfrí, n. summer holiday
sumarleyfi, n. summer holidays
sumstaðar, adv. in some places
sumir, a. some
sund, n. swimming
sund, n. strait, sound; passage
sundbolur, m. bathing costume
sundla, impers. v. **mig sundlar,** I grow dizzy
sundlaug, f. bathing pool, swimming pool, baths
sundra, v. (w. dat.) disperse
sundskýla, f. bathing trunks
sundurlaus, a. incoherent, disjointed
sunnan, adv. from the south
súpa, f. soup
súpa, sv. sip, drink
súpudiskur, m. soup plate
súr, a. sour, acid
súrefni, n. oxygen
súrna, vi. turn sour
svala, v. (w. dat.) quench, satisfy
svalir, f. pl. balcony
svalur, a. cool
svampur, m. sponge
svangur, a. hungry
svar, n. answer, reply

svara, v. (w. dat.) answer, reply to
svartsýni, n. pessimism
svartsýnn, a. pessimistic
svartur, a. black
svefn, m. sleep
svefnherbergi, n. bedroom
sveigja, v. bend, turn
sveigjanlegur, a. flexible, pliable
sveima, v. hover; swarm
sveimur, m. swarm
sveit, f. country (opposed to town), rural district; company, detachment
sveitafólk, n. country people
sveittur, a. sweating, perspiring
svelta, svi. starve
sveppur, m. fungus
sverð, n. sword
sverja, sv. swear
svertingi, m. negro
sveskja, f. prune
svíða, svt. singe, scorch; smart
sviði, m. burning sensation, smarting
sviðna, vi. be scorched
svífa, sv. glide, hover
svifflug, n. gliding
svifflugа, f. glider
svik, n. pl. fraud, treachery
svikari, m. impostor; traitor
svíkja, sv. deceive, betray, cheat

svikull, a. treacherous, deceitful
svima, impers. v. **mig svimar**, I feel dizzy, faint
svimi, m. dizziness, faintness
svín, n. pig, swine
svínakjöt, n. pork
svipa, f. whip
svipaður, a. similar (to)
svipta, v. deprive
sviti, m. sweat, perspiration
svitna, v. sweat, perspire
svívirða, v. disgrace, insult
svívirðilegur, a. disgraceful
svívirðing, f. disgrace
svo(na), adv. so, like this
svoleiðis, adv. in this way
svunta, f. apron, pinafore
svæði, n. spacc; region
svæfa, v. put to sleep. anaesthetize
syfjaður, a. sleepy
sýkill, m. bacillus
sýking, f. infection
sýkja, v. infect
sýkjast, v. be taken ill
sýkn, a. innocent, not guilty
sýkn, f. acquittal
sýkna, v. acquit, discharge
sýknun, f. acquittal
sykur, m. n. sugar

sykursýki, f. diabetes
sýna, v. show, exhibit
sýnast, v. appear, seem
synd, f. sin
synda, v. swim
syndga, v. sin
syndugur, a. wicked, sinful
syndur, a. able to swim
syngja, sv. sing
sýnilegur, a. visible
sýning, f. show, exhibition
sýnishorn, n. sample, specimen
synja, v. (w. dat.) refuse, deny
sýra, f. acid
syrgja, v. mourn
sýsla, f. business; county
sýslumaður, m. district magistrate
systir (pl. **systur**), f. sister
systkin, n. pl. brother(s) and sister(s)
sækja, v. fetch, seek, go for
sæla, f. happiness
sælgæti, n. sweets
sæll, a. happy; **vertu s.,** good-bye; **komdu s.,** hallo
sæmilega, adv. fairly, tolerable
sæng f. bed; bed-cover, eiderdown
særa, v. wound, hurt one's feelings
sæti, n. seat
sætt, f. reconciliation, agreement

sætta, v. reconcile
sættast, v. agree, come to an agreement
sætur, a. sweet
söðull, m. side-saddle
sög, f. saw
sögulegur, a. historical
sök, f. charge; reason
sökkva, svi. sink
sökkva, vt. (w. dat.) sink, submerge
söngkona, f. singer (female)
söngmaður, . singer
söngskemmtun. f. concert
söngur, m. singing, song
söngvari, m. singer
sönnun, f. proof

T

tá (pl. **tær**), f. toe
tafarlaust, adv. without delay, at once
tafl, n. chess
tagl, n. tail (of a horse)
taka, sv. take, seize; accept (w. dat.)
takmark, n. limit; aim
takmarka, v. limit, restrict
tákna, v. denote, signify
tal, n. talk, conversation
tala, v. speak; talk (**við** = to)

talfæri, n. pl. organs of speech
talsverður, a. considerable
tangi, m. point (of land jutting out into sea
tannbursti, m. toothbrush
tannhjól, n. cog-wheel
tannlæknir, m. dentist, dental surgeon
tannpasta, f. tooth paste
tannpína, f. toothache
tap, n. loss; **selja með tapi,** sell at a loss
tapa, v. (w. dat.) lose
tár, n. tear
taska, f. handbag, suit-case
taug, f. nerve
taugaveiki, f. typhoid fever
taugaveikur, a. having bad nerves, nervous
te, n. tea
tefja, v. delay
tefla, v. play chess
tegund, f. kind, sort, type
teikna, v. draw, sketch
tekjur, f. pl. income; revenue
tekjuskattur, m. income tax
telja, v. count; consider, think
telpa, f. young girl
temja, v. tame, break in
tengdadóttir, f. daughter-in-law
tengdafaðir, m. father-in-law

tengdamóðir, f. mother-in-law
tengdasonur, m. son-in-law
tepottur, m. teapot
teppi, n. blanket; carpet = **gólfteppi**
teskeið, f. tea-spoon
teygja, v. stretch, pull
teygjanlegur, a. elastic
teygjuband, n. elastic
tíð, f. time; season, weather
tíðindi, n. pl. news
tiginn, a. noble, distinguished
tign, f. rank; dignity
tík, f. bitch
til, prp. (w. gen.) to, towards; **t. þess að,** in order to; **t. baka,** back; **t. sölu,** for sale
tilboð, n. offer
tilbúinn, a. ready; ready made (clothes)
tilfinnanlegur, a. perceptible
tilfinning, f. sensation, feeling
tilgangur, m. purpose
tilkynna, v. announce, inform
tilkynning, f. announcement, notice, notification
tillaga, f. proposal
tillit, n. regard; **taka t. til,** take into consideration
tilraun, f. attempt, experiment

tiltölulega, adv. more or less, comparatively
tilviljun, f. chance; **af t.**, by chance
tímabil, n. period; **um t.**, for a time
tímarit, n. periodical, magazine
tímatal, n. chronology
timbur, n. wood, timber
timburhús, n. wooden house
tími, m. time; hour
tin, n. tin
tína, v. pick, gather
tinna. f. flint
titra, v. tremble, quiver
tittlingur, m. sparrow
títuprjónn, m. pin
tízka, f. fashion
tjald, n. tent; curtain
tjalda, v. pitch a tent
tjara, f. tar
tjón, n. loss, damage
tjörn, f. pond, lake
tóa, f. fox
tóbak, n. tobacco
tóbaksverzlun, f. tobacconist's (shop)
toga, v. pull, draw
togari, m. trawler
tollbúð, f. customs house
tollfrjáls, a. duty-free
tollskoðun, f. customs examination

tollskrá, f. customs tariff
tollskyldur, a. dutiable
tollur, m. customs duty
tollþjónn, m. customs officer
tómati, m. tomato
tómur, a. empty
tónn, m. sound; tone
tónskáld, n. composer
torf, n. turf, sod
torg, n. square, market place
tortrygginn, a. suspicious
torveldur, a. difficult, hard
trappa, f. step (of stairs)
traust, n. confidence, reliance
traustur, a. trusty; firm, safe
tré, n. tree; wood
trefill, m. scarf
trésmiður, m. carpenter, joiner
treyja, f. jacket (on a woman); jerkin
treysta, v. (w. dat.) depend on, rely on, trust
trú, f. faith, belief
trúa, v. (w. dat.) believe
trúarbrögð, n. pl. religion, faith
trufla, v. disturb, trouble
trúlofast, v. become engaged (to be married)
trúlofun, f. engagement
trúnaðarmaður, m. confidant

trúnaðarmál, n. secret, confidential matter
trúr, a. faithful
tryggð, f. faithfulness, fidelity
trygging, f. security, guarantee; insurance
tryggja, v. insure; secure
tryggur, a. faithful; safe
túlka, v. interpret
túlkur, m. interpreter
tún, n. homefield
tunga, f. tongue; language
tungl, n. moon
tungumál, n. language
tunna, f. barrel
turn, m. tower, (church) steeple
tuska, f. rag
tvíburi, m. twin
tvíhnepptur, a. double-breasted
tvímælalaust, adv. without doubt
tvinnakefli, n. cotton reel
tvinni, m. thread, cotton
tvöfalda, v. double
tyggja, v. chew
tylft, f. dozen
týna, v. (w. dat.) lose
tækifæri, n. opportunity
tæma, v. empty
tæplega, adv. scarcely, hardly

töf, f. delay
tölustafur, m. numeral, figure
tönn (pl. **tennur**), f. tooth

U, Ú

ufsi, m. coal-fish
ugla, f. owl
úldinn, a. rotten, bad, putrid
úldna, v. rot, decay
úlfur, m. wolf
ull, f. wool
ullarábreiða, f. blanket
ullarsokkur, m. woollen sock or stocking
úlnliður, m. wrist
um, prp. (w. acc.) around, about; t
umboð, n. agency; authority
umboðslaun, n. pl. commission
umboðsmaður, m. agent; representative
umboðssali, m. commission agent
umboðsverzlun, f. agency
umbúðapappír, m. wrapping paper, brown paper
umbúðir, f. pl. wrapping; bandage
umferð, f. traffic
umfram, prp. (w. acc.) beyond, over and above

umgangast, sv. associate with
umhverfis, prp. (w. acc.) around
umkringja, vt. surround
ummál, n. circumference
ummynda, v. transform
umsát, f. siege
umsjón, f. inspection, superintendence; care
umslag, n. envelope
umsókn, f. application (i. e. for a job)
umsækjandi, m. applicant
una, v. (w. dat.) be content or satisfied with
undan, prp. (w. dat.) & adv. from under; **á u.**, in front of
undanfarandi, a. preceding, last few
undanfari, m. forerunner, precursor
undantekning, f. exception
undantekningarlaust, adv. without exception
undanþága, f. exception
undarlegur, a. curious, strange
undir, prp. (w. acc. & dat.) under, below, beneath
undirbúa, sv. prepare
undirbúningur, m. preparation
undir eins, adv. at once, immediately
undirkjóll, m. petticoat
undirmaður, m. subordinate

undirréttur, m. lower court
undirskál, f. saucer
undirskrift, f. signature
undrast, v. be amazed or surprised at
undrun, f. surprise, wonder
ungfrú, f. Miss
unglingur, m. young person
ungi, m. the young (of an animal), young one
ungur, a. young
unna, v. (w. dat.) love
unnusta, f. fiancée, sweetheart
unnusti, m. fiancé
unz, conj. until
upp, adv. up
uppáhalds-, prefix. favourite
uppástunga, f. proposal, proposition
uppboð, n. action
uppbót, f. compensation
uppfynding, f. invention
uppgefinn, a. exhausted
uppgjöf, f. surrender
uppgötva, v. discover, invent
upphaflega, adv. orginally
upphæð, f. amount, sum
uppi, adv. upstairs, up, above
uppihald, n. maintenance
upplitaður, a. faded
upplýsingar, f. pl. information

uppreisn, f. rising, rebellion
uppréttur, a. erect, upright
upprunalegur, a. original
uppseldur, a. sold out, out of print
uppskera, f. harvest
uppskipun, f. unloading (of ship)
uppskurður, m. (surgical) operation
uppsögn, f. notice (to leave, to quit)
upptekinn, a. occupied, busy
úr, n. watch
úr, prp. (w. dat.) out of, from
úreltur, a. out of date, obsolete
úrkoma, f. rain
úrkynjaður, a. degenerate
úrskurða, v. decide
úrskurður, m. decision
úrslit, n. pl. final decision, result
úrsmiður, m. watchmaker
út, adv. out
utan, adv. from without, from outside; prp. (w. gen.) without; **fyrir u.,** prp. (w. acc.) outside
utanáskrift, f. address (on letter)
utanríkisráðherra, m. foreign minister, foreign secretary
utar, compar. adv. further out
útborgun, f. payment; deposit
útbúnaður, m. equipment
útbýta, v. distribute

útflutningur, m. export
útflytjandi, m. emigrant; exporter
útgáfa, f. edition, publication
útgjöld, n. pl. expenditure, expenses
úthluta, v. (w. dat.) distribute, deal out
úti, adv. outside, out of doors
útibú, n. branch office
útidyr, f. pl. outer door
útiloka, v. exclude
útlendingur, m. foreigner
útlendur, a. foreign
útlit, n. appearance, look; prospect
útsala, f. sale, bargain sale
útskýra, v. explain
útvarp, n. broadcasting, broadcast
útvarpa, v. broadcast
útvarpstæki, n. wireless set
útvega, v. provide, procure
uxi, m. ox, bull

V

vað, n. ford (on river)
vaða, sv. wade
vafalaust, adv. unquestionably, without doubt
vafasamur, a. doubtful
vafi, m. doubt

vagn, m. carriage
vaka, vi. be awake
vakna, vi. awake, wake up
val, n. choice, selection
vald, n. power, authority
valda, sv. (w. dat.) cause
vals, m. waltz
vanalega, adv. usually
vandi, m. custom; difficulty
vandlega, adv. carefully
vandræði, n. pl. difficulty
vangá, f. inadvertence
vani, m. custom, habit
vanrækja, v. neglect
vanskapaður, a. deformed
vanta, impers. v. **mig vantar**, I lack, I want
vanur, a. used (to)
vanþakklæti, n. ingratitude
var, a. aware
vara, f. article, goods
vara, vt. warn, caution
varalitur, m. lipstick
varða, f. cairn
varðhald, n. custody
varðveita, v. keep, preserve
varkár, a. cautious, careful
varla, adv. scarcely, hardly
varlega, adv. carefully

varnarlaus, a. defenceless
varpa, f. net, trawl
varpa, v. (w. dat.) throw
varúð, f. caution
vasabók, f. pocket-book
vasahnífur, m. pocket-knife
vasaklútur, m. (pocket) handkerchief
vasaljós, n. (electric) torch
vasaþjófur, m. pickpocket
vasi, m. pocket
vaskur, m. sink, wash-basin
vatn, n. water; lake
vatnsgeymir, m. water-tank; reservoir
vatnsheldur, a. waterproof
vatnsstígvél, n. pl. wellingtons; waders
vatnsveita, f. waterworks
vátrygging, f. insurance
vátryggja, v. insure
vátryggingarfélag, n. insurance company
vax, n. wax
vaxa, svi. grow, increase
veð, n. mortgage, pledge
veðja, v. bet
veðreiðar, f. pl. horse-racing, races
veður, n. weather; wind
veðurfregn(ir), f. (pl.) weather forecast
veðurspá, f. weather forecast
vefa, sv. weave

vefja, v. wrap up
vefnaðarvörur, f. pl. drapery, textiles
vega, sv. weigh
vegabréf, n. passport
vegalengd, f. distance
veggur, m. wall
vegna, prp. (w. gen.) because of, on account of
vegur, m. way, road
veiða, v. fish, catch, hunt
veiðarfæri, n. pl. fishing tackle
veiði, f. fishing; catch
veiðileyfi, n. fishing licence, fishing permit
veiki, f. illness
veikjast, vi. become ill, fall ill
veikur, a. ill, sick, not well
veita, v. grant, give
veitingahús, n. restaurant
veizla, f. feast, banquet
vekja, vt. awaken, call, rouse
vekjaraklukka, f. alarm clock
vel, adv. well
vél, f. engine, machine, motor
veldi, n. power, empire
velja, v. choose, select
velkominn, a. welcome
vélrita, v. type, typewrite
vélritari, m. typist

vélritun, f. typing, typewriting
vélstjóri, m. engineer
venja, f. custom
venja, v. accustom
venjulegur, a. usual, customary, normal
vera, f. stay; being, entity
vera, v. be, exist; **v. við**, be present (at)
verð, n. price
verða, sv. become, grow, happen
verðhækkun, f. rise (or increase) in price
verðlaun, n. pl. reward, prize
verðlisti, m. price list
verðmæti, n. pl. valuables
verðmætur, a. valuable
verðskulda, v. deserve, merit
verðugur, a. worthy
verður, a. worth; worthy = **verðugur**
verja, v. defend
verk, n. work, deed
verkamaður, m. workman, labourer, working-man
verkbann, n. lock-out
verkfall, n. strike
verkfræðingur, m. engineer
verkfæri, n. tool, instrument
verksmiðja, f. factory
verkur, m. pain, ache
vernd, f. protection, defence

vernda, v. protect, defend
verpa, sv. (w. dat.) lay (eggs)
versna, vi. become worse, worsen
verzla, v. trade, deal
verzlun, f. trade, dealing; shop
verzlunarmaður, m. tradesman, business man
verzlunarskóli, m. commercial school, college of commerce
veröld, f. world
veski, n. pocket-book, handbag, wallet
vesti, n. waistcoat
vestur, n. & adv. west
vettlingur, m. glove, mitten
vetur (pl. **vetur**), m. winter
við, prn. we
við, prp. (w. acc. & dat.) against, at, by, near, with
víða, adv. widely, far and wide
viðauki, m. addition; supplement
viðbein, n. collarbone
viðbjóðslegur, a. disgusting
viðbót, f. addition; **í v.**, in addition
viðburður, m. event, incident
viðeigandi, a. suitable
viðgerð, f. repair
viðskipti, n. pl. dealings; commerce
viðstaddur, a. present
víður, a. wide, large; loose

viðurkenna, v. acknowledge, recognise, admit
viðurvist, f. presence
viðvíkjandi, prp. (w. dat.) concerning, with regard to
vígbúa, sv. arm, prepare for war
vígbúnaður, m. preparations for war, armaments
vika, f. week
víkja, svi. turn aside; yield, give way
víkka, v. widen
vikublað, n. weekly (paper)
vikudagur, m. weekday
vikulegur, a. weekly
vilja, v. be willing, wish, want; **ég vildi gjarna**, I should like to very much
viljandi, adv. intentionally, on purpose
vilji, m. will, desire
viljugur, a. willing
villa, f. mistake, error
villimaður, m. savage
villtur, a. wild, savage; lost, bewildered
vín, n. wine; spirits
vinátta, f. friendship
vinda, sv. wind, wring
vindill, m. cigar
vindlingur, m. cigarette
vindur, m. wind
vingjarnlega, adv. in friendly fashion

vinkona, f. friend (female); girl friend
vinna, f. work, employment
vinna, sv. work, perform; win
vinnufólk, n. domestic servants
vinnukaup, n. wages
vinnukona, f. maidservant, maid
vinnumaður, m. labourer
vinnustofa, f. workshop
vinstri, compar. a. left (hand); cf. **hægri**
vinsæll, a. popular
vinur. m. friend
vír, m. wire
virða, v. value, esteem
virði, n. value, worth
virðing, f. honour, respect; valuation
virki, n. fortress, stronghold
virkilegur, a. real
vísa, f. stanza, verse
vísa, v. show, direct
vísifingur, m. forefinger, index finger
vísindi, n. pl. science; knowledge
vísindamaður, m. scientist
vísir, m. hand or pointer (of a clock)
vísitala, f. cost-of-living index
viss, a. certain, sure
vissa, f. certainty; **með vissu**, for certain
vissulega, adv. certainly

virkisgarður m. rampart
virkisgröf f. moat
virkja v. develop
virkur a. active, effective
viska f. wisdom
viskí n. whiskey
visna v. wither, fade
viss a. certain, sure
vissa f. certainty
vissulega adv. certainly
vista v. provision
vistfang n. address
vistfræði f. ecology
vistir f. pl. provisions
vit n. intelligence, sense
vita v. know, be aware of
vitfirringur m. madman
viti m. lighthouse; beacon
vitja v. visit, call on; fetch, call for
vitjun f. call (of a doctor)
vitlaus a. mad, insane
vitleysa f. madness, nonsense
vitna v. testify, bear witness
vitni n. witness, evidence
vitnisburður m. testimony
vitorðsmaður m. accessory
vitrun f. visitation
vitsmunalegur a. intellectual
vitsmunir m. pl. intellect

vitur a. wise
víða adv. far and wide
víðir m. willow
víðsýnn a. broad-minded
víðtækur a. extensive, far-reaching
víður a. wide, large
vídd f. width, dimension
víg n. killing, slaying
vígbúa v. arm, prepare for war
vígbúnaðarkapphlaup n. arms race
vígbúnaður m. armament
víggirðing f. fortification, rampart
vígi n. fortress
vígja v. consecrate
vík f. creek, cove
víkja v. turn aside; yield, give way
víkka v. widen, expand
víma f. intoxication, rapture
vín n. wine, spirits
vínandi m. alcohol
Vínarborg f. Vienna
vínarpylsa f. hot dog
vínekra f. vineyard
vínkanna f. carafe
vínkaupmaður m. wine-merchant
vínkjallari m. wine cellar
vínuppskera f. vintage
vínviður m. vine
vír m. wire

vísa f. stanza, verse
vísa v. show, direct
vísbending f, indication, hint
vísifingur m. index finger
vísindalegur a. scientific
vísindamaður m. scientist
vísindi n.pl. science, knowledge
vísir m. hand (of a clock); pointer
víst adv. certainly, surely
vítamín n. vitamin
víxill m. bill of exchange
voðalegur a. awful
voði m. peril, danger
vofa f. ghost, apparition
vog f. scale
vogarafl n. leverage
vogur m. creek, cove
voldugur a. powerful, mighty
volgur a. lukewarm
volt n. volt
volæði n. misery
von f. hope, expectation
vona v. hope
vonbrigði n. pl. disappointment
vondur a. bad, vicious; angry
vongóður a. hopeful, confident
vonska f. meanness
vopn n. weapon
vopna v. arm

vopnaður a. armed
vopnabúr n. arsenal
vopnahlé n. truce
vor prn. our, ours
vor n. spring
vorkenna v. pity
votlendur a. marshy
votta v. certify, testify
vottorð n. certificate, testimony
vottur m. witness
votur a. wet
vægur a. gentle, easy, lenient
vændishús n. brothel
vændiskona f. prostitute
vængur m. wing
vænn g. gentle; promising
vænta v. expect
væntanlegur a. expected, due, future
væta f. moisture, wetness
vöðvamikill a. athletic, muscular
vöðvi m. muscle
vögguvísa f. lullaby
vökva v. water
vökva- hydraulic
vökvi m. liquid, fluid
völlur m. field
völundarhús n. maze
vöndur m. broom
vöntun f. deficiency

vörður m. guard, watchman, custodian, attendant, warden
vörn f. defence
vörubíll m. truck
vörugeymsla f. storehouse, depot
vöruhús n. warehouse; department store
vörumerki n. trademark, brand
vörur f. pl. wares, goods, merchandise, commodities
vörusending f. consignment
vöruskiptajöfnuður m. trade balance
vöruúrval n. assortment
vöxtur m. growth, increase

Y

yfir prp. over, across, above
yfirborð n. surface
yfirborðskenndur a. superficial
yfirbuga v. overwhelm, subdue
yfirburðir m. pl. odds
yfirdrottnun f. domination
yfirdómur m. higher court
yfirforingi m. captain, commander
yfirfrakki m. overcoat, topcoat
yfirfæra v. transfer (funds), carry over
yfirgefa v. leave, quit
yfirgefinn a. derelict

yfirheyrsla f. interrogation
yfirhöfn f. cloak, overcoat
yfirleitt adv. generally, on the whole
yfirlið n. faint
yfirlit n. summary, abstract
yfirlýsing f. declaration, proclamation
yfirmaður m. superior, chief, boss
yfirnátturlegur a. supernatural
yfirráð n. pl. command, reign
yfirráðasvæði n. territory
yfirsjón f. oversight, mistake
yfirskin n. pretense, pretext
yfirskrift f. heading
yfirvald n. magistrate; authorities
yfirvararskegg n. moustache
yfirvegaður a. balanced, deliberate
yfirvigt f. overweight
yfirvofandi a. imminent
yfirvöld n. pl. authorities
yfirþjónn m. headwaiter, butler
ylur m. warmth
yndi n. delight, happiness
yndislegur a. delightful, charming

Ý

ýfa v. roughen
ýkja v. exaggerate

ýta v. push, press, shove, thrust

ýtinn a. pushy

Þ

það prn. it, that

það er að segja that is to say, i.e. (lat.: id est)

þaðan adv. from there

þagmælska f. discretion

þagna v. become silent

þak n. roof

þakinn a covered

þakka v. thank

þakklátur a. grateful, thankful

þakklæti n. gratitude, appreciation

þakrenna f. gutter

þamba v. gulp

þangað adv. there

þannig adv. thus, in that way

þanþol n. elasticity

þar(na) adv. there

þarflegur a. useful

þarfnast v. need, want

þari m. seaweed

þarmur m. intestine, gut

þá adv. then, at that time

þátttaka f. participation

þátttakandi m. participant

þáttur m. part, act
þefur m. smell
þegar conj. when, as; adv. at once, instantly
þegja v. be silent, remain silent, keep quiet
þegn m. citizen
þekja v. cover
þekking f. knowledge
þekkja v. know, recognize
þeldökkur a. dark, black (person)
þensla f. tension, expansion
þerna f. maid, stewardess (on a ship)
þess vegna adv. therefore, consequently
þessi prn. this, that
þessir prn. pl. these; those
þeyta v. hurl
þétta v. tighten
þéttast v. condense
þéttleiki m. density, tightness
þéttur a. close, tight, dense, compact
þiðna v. thaw, melt away
þiggja v. accept
þil n. partition; panel
þifar n. deck (on a ship)
þind f. diaphragm
þing n. parliament, congress
þinglegur a. parliamentary
þingmaður m. Member of Parliament, representative
þinn, pín, pitt prn. your, yours

þistill m. thistle
þíða v. defrost, melt, thaw
þíðviðri n. thaw
þjaka v. depress
þjakandi a. oppressive, depressing
þjá v. afflict
þjálfa v. train, drill
þjálfun f. training
þjáning f. suffering, pain, affliction
þjóð f. nation, people
þjóðaratkvæðagreiðsla f. referendum
þjóðbúningur m. national dress
þjóðdans m. folkdance
þjóðerni n. nationality
þjóðfélag n. society, community
þjóðfélagsfræði f. sociology
þjóðfélagslegur a. social
þjóðflokkur m. tribe
þjóðfræði f. ethnology, folklore
þjóðgarður m. national park
þjóðhöfðingi m. head of state, sovereign
þjóðkirkja f. state church
þjóðkvæði n. ballad
þjóðlag n. folksong
þjóðleikhús n. national theatre
þjóðsaga f. folk tale, legend
þjóðsöngur m. national anthem
þjóðtunga f. vernacular
þjóðvegur m. main road, highway

þjóðveldi n. republic, commonwealth
þjóðverji m. German (people)
þjoðþing n. congress, parliament
þjófnaður m. theft
þjófur m. thief
þjóna v. serve, wait on
þjónn m. waiter
þjónusta f. service, attendance
þjónustugjald n. service charge
þjónustustúlka f. waitress, maid
þjóta v. rush, dash
þjöl f. file
þoka f. fog, mist
þokkafullur a. graceful
þokkalegur a. tidy, neat
þol n. endurance, stamina
þola v. tolerate, suffer, endure, bear
þolinmóður a. patient
þolinmæði f. patience, endurance
þora v. dare
þorna v. dry
þorp n. village
þorpari m. villain, scoundrel, blackguard
þorskalýsi n. cod-liver oil
þorskur m. cod
þorsti m. thirst
þota f. jet (plane)
þó að conj. though, although
þó adv. yet, however, still

þófi m. pad
þóknun f. tip, fee
þótt conj. though, although
þóttafullur a. arrogant
þramma v. plod
þraut f. hardship
þrautseigja f. perseverance
þrá f. desire, longing
þrá v. desire, crave
þráður m. thread, yarn
þrái m. stubbornness
þrálátur a. persistent, chronic
þrátefli n. deadlock
þrátt fyrir prp. in spite of, despite
þref n. quarrel, fight
þrefaldur a. triple
þreifa v. touch, feel (with the hand)
þrek n. courage, energy
þrekraunt f. ordeal
þrengja v. tighten
þrenning f. trinity
þrep n. step
þreskja v. thresh
þrettán num. thirteen
þreyta f. fatigue, weariness
þreyta v. tire, weary
þreyttur a. tired
þrifnaður m. cleanliness
þrífa v. clean; grasp, seize

þrífótur m. stand
þríhyrndur a. triangular
þríhyrningur m. triangle
þrír num. three
þrívíður a. three-dimensional
þrjátíu num. thirty
þrjóskur a. stubborn, pigheaded
þroskaður a. ripe, mature
þroskaheftur a. handicapped
þroskast v. ripen, grow up
þroski m. maturity, development
þrot n.pl. want, shortage
þróun f. evolution, development
þruma f. thunder
þrumuveður n. thunderstorm
þrusk n. rustle
þrútna v. swell
þrýsta v. press, thrust
þrýstingur m. pressure, thrust
þræða v. thread
þræll m. slave
þræta v. dispute
þröngsýnn a. narrow-minded
þröngur a. narrow, tight
þröskuldur m. threshold, doorstep
þröstur m. thrush
þumalfingur m. thumb
þumlungur m. inch
þungamiðja f. center of gravity

þungbúinn a. gloomy
þungi m. heaviness, weight, load
þunglamalegur a. clumsy
þunglyndur a. melancholic, depressed
þungur a. heavy, difficult
þunnur a. thin
þurfa v. need, require
þurr a. dry, arid
þurrka v. dry, wipe
þurrkur m. drought
þú prn. you
þúsund num. thousand
þvaður n. gossip, chatter
þvag n. urine
þver a. obstinate, contrary
þverá f. tributary
þverhnípi n. precipice
þvermál n. diameter
þversögn f. paradox
þvinga v. compel, force
þvingandi a. compulsory
þvingun f. compulsion
þviað conj. because
því adv. therefore, consequently
þvo v. wash
þvottaduft n. washing powder
þvttaefni n. detergent
þvottahús n. laundry
þvottakona f. washerwoman

þvottaskál f. washbasin, washstand
þvottavél f. washing machine
þvottur m. laundry
þybbinn adj. chubby, plump
þykja v. seem, think, consider
þykjast v. pretend
þykkna v. thicken
þykkt f. thickness, width
þykkur a. thick, dense
þyngd f. weight
þyngdarafl n. gravity, gravitation
þyngsli n.pl. weight, burden, heaviness
þynna v. thin, dilute
þyrla f. helicopter
þyrma v. spare
þyrnir m. thorn
þyrpast v. crowd
þyrping f. cluster
þyrstur a. thirsty
þýða v. mean; translate
þýðandi m. translator
þýðing f. meaning, translation
þýðingarlaus a. unimportant, useless
þýðingarmikill a. important, significant
þýska f. German (language)
þýskur a. German
þægilegur a. comfortable, agreeable, cosy
þægindi n. pl. comforts, modern conveniences
þægur a. obedient

þægur a. obedient
þögn f. silence
þögull a. silent
þökk f. thanks
þörf f. need, necessity, requirement

Æ

æð f. vein, artery, blood vessel
æðarfugi m. eider
æði n. rage, craze
æðisgenginn a. crazy; fantastic
æðri a. superior
æfa v. train, exercise, rehearse
æfður a. trained, skilled
æfing f. practice, training
ægilegur a. awful, terrible
æla v. vomit, throw up
æpa v. shout, cry
ær f. ewe
æra f. honor
æruverður a. venerable
æsa v. excite, stir up, incite
æsa upp v. enrage
æsandi a. exciting
æsingur m. excitement, tumult
æska f. youth, childhood
æstur a. excited

ætla v. intend to, be going to, (to=að)
ætlun f. intention, plan
ætt f. family, race
ættarnafn n. surname
ætterni n. family, descent, pedigree
ættflokkur m. clan, tribe
ættgöfgi n. nobility
ættingi m. relative, relation
ættjarðarást f. patriotism
ættjörð f. native country
ættleiða v. adopt
ætur a. edible
ævi f. life, age, time
ævintýrasaga f. romance, fantasy
ævintýri n. adventure; fairy tale
ævisaga f. biography
æxlast v. propogate; copulate
æxli n. tumor
æxlun f. reproduction

Ö

öðlast v. obtain, acquire
öðruvísi adv. otherwise, differently
öflugur a. powerful, mighty
öflun f. acquisition
öfugt adv. the wrong way; vice versa
öfugur a. inverted, inside out

öfunda v. envy
ögn f. particle, fragment
ökli m. ankle
ökukeppni f. car racing
ökumaður m. driver, motorist
ökuskirteini n. driver's licence
öl n. ale
öld f. century; age
öldungadeildarmaður m. senator
öldungur m. old man, elder
ölgerð f. brewery
ölmusa f. alms, charity
ölvaður a. drunk
önd f. duck
öndun f. breathing, respiration
öndverður a. opposing, early
öngull m. angle, fish-hook
önn semester; work
ör f. arrow
ör n. scar
örðugur a. difficult
öreind f. particle
örfár a. very few
örk ark; piece of paper
örlátur a. generous, liberal
örlög n.pl. fate, fortune
örmagna a. exhausted
örn m. eagle
örtölvukubbur m. microchip

Also available from Hippocrene Books ...

Beginner's Icelandic with 2 Audio CDs
Helga Hilmisdóttir and *Jacek Kozlowski*

This introductory guide is designed for both classroom use and self-study. Each of the 14 lessons opens with a dialogue about an everyday topic, followed by vocabulary lists, explanations of grammar, and exercises. Also includes Icelandic-English/English-Icelandic glossaries and two audio CDs of dialogues and vocabulary with correct pronunciation by native speakers.

$32.00pb · two audio CDs · 978-0-7818-1191-0

Prices subject to change without prior notice. **To purchase Hippocrene Books** contact your local bookstore, visit www.hippocrenebooks.com, call (212) 685-4373, or write to: HIPPOCRENE BOOKS, 171 Madison Avenue, New York, NY 10016.